豊かな直接体験をベースに

ICT で広がる 保育

大豆生田啓友／編著
（玉川大学）

JN202248

チャイルド本社

はじめに

　保育を取り巻く社会は大きな変革期にあります。こども家庭庁が誕生し、「こどもまんなか社会」の形成に向けた取り組みが進められています。深刻な少子高齢化が進むなかで、保育の量的拡大から保育の質の確保・向上への転換がはかられています。そうした変革期のなかで、働き方改革などの動きもあり、保育のDX化が進められているのです。多くの園でICTが導入され、ドキュメンテーションなどを活用した記録や発信などが一般化しつつあります。これまでなかなか進まなかったICT化が、保育の世界でも広がりつつあるのです。ICT活用に苦手意識が強かった保育業界でも少しずつ、ICTが浸透しています。

　その一方で、幼児とICTのかかわりはどうでしょうか。「幼稚園教育要領」などでは、視聴覚教材やコンピュータ等の情報機器の活用について示されています。現在、家庭などでは低年齢から子どもがスマホやタブレットなどを使用して動画やゲームに触れる機会が大きく広がっています。デジタル環境の低年齢化が進み、AIも子どもの生活に当たり前のように入り込んでいます。また、小学校1年生は1人1台、タブレットが与えられるような学校教育へと転換しています。

　このような変化のなかで、保育の場でデジタルやICTに触れることをどのように考えるかは大きな課題となります。もちろん、幼児期は「直接的な体験」が重要であることは言うまでもありません。だからこそ、安易に幼児の生活の場にデジタルやICTが入り込んでくることへの問いが必要なのです。幼児の「直接的な体験」の豊かさを保障するためのデジタルやICTとのかかわり方が求められていると考えます。

　子どもが虫を見つければ、親がスマホを虫に向けて、その虫の名前を瞬時に検索する姿が広がっています。それは、子どもが虫に触れ、感じ、心が動き、友達とやりとりし、探す、等々のたくさんの身体的に「感じる」プロセスが省かれ、名前を「知る」という目的に直結してしまう経験になってしまう可能性もあるのです。そのようなICT機器の活用による検索文化が保育の現場にもあっという間に入り込む可能性があるのです。

そうだとすれば、幼児期にICTを使うことがよいか悪いかの単なる二項対立の議論ではないと考えます。どのように活用すること（活用しないことも含め）が幼児の豊かな直接体験につながるのかを問うことが求められているのです。そのような問いをもったICTの活用が、幼児自身がICTのよりよい使い方を学ぶことにもつながるのではないでしょうか。幼児の生活にここまでICTが入り込んでいるからこそ、思考停止しないことが大切なのだと思います。本書はそうしたことを具体的な事例から考える本にしたいと思い、企画しました。

　そのため、本書では多様な実践事例を紹介しています。これらは、必ずしも理想的な実践とは限りません。もちろん、紹介している園はとてもすばらしい実践をしていますが、これらはそれぞれの園が、ICTをどのように活用することが幼児の豊かな経験につながるのかを試行錯誤している取り組みなのです。ここがとても大切な点です。ですから、読者の皆様もこれらの実践事例に対して問いをもって読んでいただきたいのです。このようにICT機器を提供することが幼児の体験として本当に豊かな実践としてつながっているのか、という問いです。

　これからの保育は、保育の営み自体が持続可能な社会の在り方を創り出す場であることを意識することが大切だと考えます。それは、私たちがデジタル、ICT、AIなどとどのようにかかわりをもつことが幸せな社会につながるかを問うことでもあります。それは、幼児期の子どもがそれらとどうつき合う（あるいはつき合わない）かを問うことでもあるのだと思います。本書がそうした保育から持続可能な社会を生み出すことを考える一助になれば幸いです。

2024年11月　大豆生田啓友

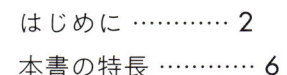

豊かな直接体験をベースに
ICTで広がる保育　目次

1章 保育におけるICTの活用を考える ………… 7

保育にICT活用は必要?
- 現代に生きる子どもたちに必要な「ICTとの関係」
- ICT導入に関して、おさえておきたいこと
- 幼児期は直接体験が基盤であること
- 子どもの育ちに有効なICTの使い方・マイナスな使い方
- ICTの可能性

ICT導入における留意点
- ICT導入において気をつけたいこと
- どのようなICT機器やアプリが望ましいか
- ICTをよりよく使うために

2章 ICTを使って広がる活動 実践例 ………… 21

3章 ICTの導入 & 活用で 知っておきたいこと ………… 79

本書の特長

園で実際に行われているICTを活用した保育の実践例を、詳しく紹介します。

ポイント❶ 実践園の考え方を紹介

園の概要やこれまでのICT環境、保育の一日の流れを紹介します。

ICTを保育に導入したきっかけを紹介します。

ポイント❷ ICT活動の流れを時系列で紹介！

活動で使用したICT機器やアプリを紹介。保育で使いやすい性能にも触れています。

活動の流れを時系列で紹介し、ICTがどう活動にかかわったかを伝えます。

ねらいや配慮した点など、保育者の思いを示します。

大豆生田先生からのコメント入り！

ポイント❸ ICT導入のヒントがわかる！

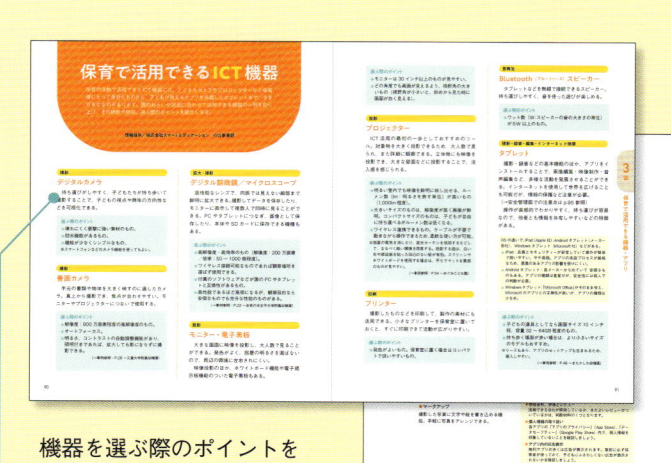

機器を選ぶ際のポイントを簡潔に示します。

保育に活用できるおすすめのアプリを紹介します。

1章 保育における ICT の活用を考える

「ICT って子どもの保育に必要なの?」という疑問をもたれる保育者も多いでしょう。

文部科学省から出された「幼児教育施設における ICT の活用」を踏まえて、

子どもの育ちに有効な ICT の活用とは? について考えてみましょう。

保育に ICT 活用は必要？

現代に生きる子どもたちに必要な「ICTとの関係」

検討すべき事項としての「幼児教育施設における ICT の活用」

2024 年 10 月に文部科学省より、「**今後の幼児教育の教育課程、指導、評価等の在り方に関する有識者検討会**」の最終報告が出されました。その第 2 章 2「**現代的諸課題に応じて検討すべき事項**」の（1）として「**幼児教育施設における ICT の活用**」が盛り込まれました。

> 2．現代的諸課題に応じて検討すべき事項
> （1）幼児教育施設における ICT の活用
> ○平成 29 年告示の幼稚園教育要領等において、視聴覚教材やコンピュータ等の情報機器（以下、「ICT」という。）の活用について、幼稚園等の生活では得難い体験を補完するなど、幼児の直接的な体験を生かすための工夫をしながら活用することなどが示された。このことにより、例えば、不思議に思ったことをタブレット端末で調べてみたり、鳥や虫などの生き物の鳴き声を再生してみたり、デジタル顕微鏡で植物や虫を見て肉眼では見えない発見をしたりなど、ICT を活用して様々な取組が行われてきているところである。
> ○とりわけコロナ禍において、ICT は、幼児が登園できない状況下においても、幼稚園教諭・保育士・保育教諭等と幼児、登園できない幼児と登園している幼児をつなぐなど、幼児の学びの機会を確保する上でも重要な役割を果たし、その活用方法に広がりが見られるようになった。
> ○また、情報化は年々進行しており、多くの国民がコンピュータやインターネットを利用しており、家庭においてもスマートフォンやタブレット端末等によりインターネットを利用

している5歳児が約8割となっている。また、小学校においては1年生から1人1台端末の整備が行われ、グローバル化や高度情報化社会を見据えた教育の情報化が推進されている。

○このような近年の状況に鑑み、国においては、幼児教育の「環境を通して行う教育」の環境にはデジタル環境が含まれることを明確にし、ICTの効果的な活用方法等についてより実践的な調査研究を進めるとともに、研修プログラムの開発や研修資料等の提供を行うことが必要である。その上で、必要なデジタル環境の整備や支援について、例えば1クラスに複数台の幼児向けタブレット端末やWi-Fi等を配備したり、ICT技術者を派遣したりするなどの検討をすることが重要である。

○その際、ICTを通じて得られた体験の多くは疑似体験であり、幼児期は直接的・具体的な体験が何より重要であることを踏まえることが必要である。ICTは有効に活用することで、幼児の直接的・具体的な体験の充実を図る道具の一つになり得るため、ICTの活用に当たっては、低年齢児への弊害やリスクをはじめ、幼児の発達に即しているか、幼児の更なる意欲的な活動の展開につながるか、直接的・具体的な体験に立ち返り深めていく実践の展開があるかなどについて考慮することが重要である。また、ICTの操作の習得を目的とした活動や幼稚園教諭・保育士・保育教諭等の一方的な指導の道具となることなどがないよう、活用上の留意点についても併せて検討することが必要である。

本書においては、上記にならい、視聴覚教材やコンピュータ等の情報機器を「ICT」と呼び、デジタルカメラやプロジェクターなどの機器、タブレットやスマートフォンのアプリ等も含めて指すこととします。

保育において、ICT活用が求められていくのか?

上記の報告が出されましたが、**ICTを幼児期の子どもに積極的に活用させた方がよいのかというと、今の子どもに必要なのはむしろその逆**だとも思っています。幼児期の豊かな発達には、子どもが身体（五感）を通して感じたり、自分の世界を豊かに生み出したりすることこそが大切です。ICT、デジタル、バーチャルな環境が今後ますます子どもの生活に大きく入り込んでくるからこそ、この身体を通した学びの重要性を基盤に考えることが求められると考えます。

幼児期の体験について、『幼稚園教育要領』第1章第4の3「指導計画の作成上の留意事項」の（6）において、以下のような考慮が必要と書かれています。

（6）幼児期は<u>直接的な体験が重要</u>であることを踏まえ、視聴覚教材やコンピュータなど情報機器を活用する際には、<u>幼稚園生活では得難い体験を補完</u>するなど、<u>幼児の体験との関連を考慮</u>すること。

幼児期の子どもは周囲のさまざまな環境とかかわりながら行う直接体験が重要であり、ICTを使用する際は、子どもの体験を生かすための工夫が必要です。保育者は、単にICTを取り入れればよいのではなく、それが子どもの豊かな体験につながるかを常に考慮する必要があります。

　幼児期は遊びを通して、主体的に環境にかかわるなかで自分の世界を広げていきます。その環境には人やモノ、自然などがありますが、その環境との五感を通したかかわり（直接体験）が重要です。それは、空き箱や廃材でなにかを作り出す「ものづくり」でも、虫や草花を探す遊びでも同様です。それらの環境に触れ、感じ、思いをめぐらせ、友達と対話したり協力したり、葛藤したりし、試行錯誤し、探求し、発見する等々のプロセスがあります。そのような直接体験のプロセスが重要なのです。それは、動物としてのヒトがずっと行ってきた遊びを通した学びとも言えます。ICTという新たな環境が、そうした豊かな遊びを通した直接体験を豊かにする道具であることが問われるのです。

ICT導入に関して、おさえておきたいこと

なぜ保育にICTを取り入れるのか

　現代では、社会全般にICTが入ってきており、子どもたちも例外ではありません。幼児期からスマートフォンが身近にあり、タブレットで動画を見たり、声をかければ部屋の電気がついたり、音楽が鳴ったりするなど、ICTが当たり前にある生活環境にあります。幼児の生活のなかにICTが入り込んでいることは、右のデータからも明らかです。

　なぜ、すでにICTに囲まれた生活をしているのに、保育の場でもICTを使う必要があるのでしょうか。それは、子どもたちの家庭でのICT

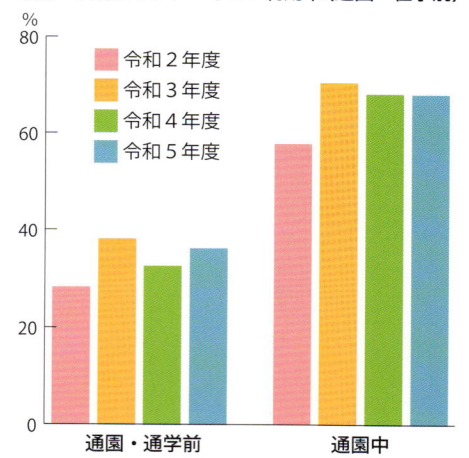

0歳〜6歳のインターネット利用率（通園・在学別）

出典：「令和5年度 青少年のインターネット利用環境実態調査 調査結果」（令和6年3月 こども家庭庁）より抜粋

の使い方は、ほぼ動画を見たり、ゲームをしたりする受動的な経験が中心で、ICTのより重要な使い方に出合うチャンスがないためです。ICTはこれだけ子どもたちの生活に入っているからこそ、子どもたちが、それを「道具」として自分たちの生活をより主体的で豊かに作り上げたり、社会で生きていくうえで役立つものとして実感できることが大切です。それには、保育のなかで実際にICTを使いながら感じていくことが有効だと考えます。それは、「体験重視か、デジタル重視か」の二項対立ではなく、デジタルが単なる受動的・バー

チャルな体験だけで完結してしまうことなく、それが能動的で身体的なリアルの世界につながる「道具」であることを実感するものとして用いられることが大切です。

「幼稚園教育要領」における情報の活動に、デジタルもかかわってくる

『幼稚園教育要領』第1章第2の3において、「幼児期の終わりまでに育ってほしい姿」の（5）「社会生活との関わり」のなかで、以下のように記載されています。

> （中略）幼稚園内外の様々な環境に関わる中で、**遊びや生活に必要な情報を取り入れ、情報に基づき判断したり、情報を伝え合ったり、活用したりするなど、情報を役立てながら活動するようになる**とともに、公共の施設を大切に利用するなどして、社会とのつながりなどを意識するようになる。

　現代の生活では情報環境が広がっていることを踏まえ、子どもたちが興味のあることを調べたり、それを伝えたりすることも、情報活動と考えられます。デジタルカメラやタブレットなどの情報機器を使う活動もそこに含まれるでしょう。ドキュメンテーションが保育の世界で広がるなかで、写真は保育のなかでも活用されるようになりました。最近では、集まり場面などで、散歩で発見した生き物やモノ、遊びの姿などの写真を保育者と子どもどうしがタブレットで共有し、対話するなかで、関心を高め合うことにも役立てられています。

　その際大事になるのは、**保育者が実際に ICT を使いながら、「こんなふうに使うと世界はより豊かになる」という活用の仕方をともに発見していくこと**です。そこには、情報を集める方法や集めた情報の活用法、それらを友達に伝える方法なども含まれるでしょう。保育者がモデルとなり、それらの活動を子どもが楽しみながら体験できるよう、共有していくことが大切です。幼児期にそうした経験を重ねることで、自分が興味をもったことを、工夫しながら生活に取り入れていく基盤ができていきます。

若い人材を生かし、ICT が苦手な保育者も学べるような職場環境作りを

　これからの時代、よりよく生きていくために、**誰もが上手に ICT を活用することが求められる時代です。**だからこそ、**保育者自身が ICT の活用に理解を示し、積極的に新しい知識を取り入れていく**ことが大切なのかもしれません。その場合、ICT の得意・不得意の個人差が大きいので、得意な職員の助けも借りながら、苦手な人もゆるやかにかかわっていけることが望ましいでしょう。若手職員に比較的得意な方が多い傾向もあるので、そうした人材を活用し、ICT 担当になってもらうのも一案です。苦手意識の強い保育者をサポートし、つなげてくれる人を園のなかで作り、誰もがそこに積極的にかかわり、学べる職場環境を作っていくことが、今後は重要になると思います。

幼児期は直接体験が基盤であること

体験をより豊かにするための道具としてのICT

　かつての子どもは外遊びが中心で、異年齢の群れや自然に触れて遊ぶことが当たり前でした。しかし現代は室内が中心となり、デジタルツールに囲まれた生活が一般的となりつつあります。デジタルでのバーチャルな世界の遊びは、ぐちゃぐちゃ、べたべた、ぬるぬるの感触もないし、多様な匂いもありません。近年の親世代や学生世代の多くが虫を怖がったりするのは、バーチャルに囲まれた生活を反映しているとも言えるかもしれません。自然との共生が持続可能な社会形成の重要な側面であることを考えても、看過できない問題と言えるでしょう。だからこそ、幼児期は直接的な体験の重要性を基盤として踏まえる必要があるのです。

　ICT を活用し、検索した画像や動画を見ることで、まるで実際に体験したかのように感じることも多いでしょう。バーチャルでの体験がリアルに影響を与え、助けになることもあります。ただそこで大切なのは、バーチャルとリアルの世界の行き来があることです。バーチャルとリアルとの往還があることで、その経験が単なる疑似体験ではなく、直接的な体験となり得るのです。ある園で、1 人の子のアイデアで「本当に飛ぶロケットを作りたい」という声から、ロケット作りの活動が盛り上がった実践がありました。そこで、子どもたちは「実際にロケットはどう飛ぶのか」という問いから動画で本物のロケットが飛ぶ姿を視聴しました。でも、その動画を見て終わりなのではなく、その刺激を受けて、自分たちがどうやって飛ばすかを自分たちが扱える廃材などの素材で試行錯誤を始めたのです。つまりここで大切なのは、バーチャルとリアルの往還があることです。ICT を使うのは、それらの経験をより豊かにするための、延長線上にあるものなのです。

　左の図は、佐伯胖氏が提唱している「学びのドーナツ論」という理論です。「私」（子ども＝I）が「見知らぬ世界」（THEY）へと学びを広げていくときには、まず「私」と「あなた」（YOU）との二人称的な世界（親密にかかわる個人的な世界）があります。子どもがダンゴムシに興味をもったと

「学びのドーナツ論」

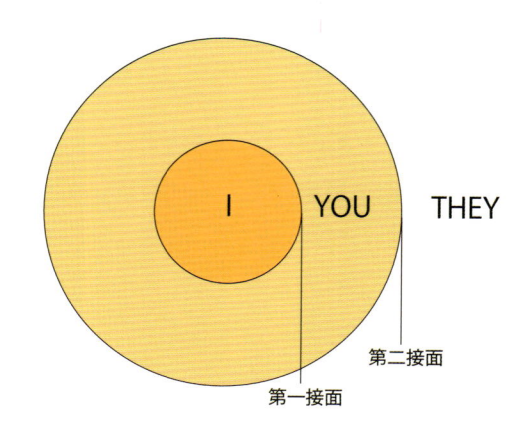

第二接面
第一接面

出典：『「学ぶ」ということの意味』（佐伯胖・著／岩波書店）より引用

きに大切なのは、ダンゴムシに触れたり、どこで捕れるか土の中を探したり、飼って育ててみたりと、五感を通してかかわることです。そのなかで、ダンゴムシと親しみ、不思議さを感じたり、「足はどうなっているんだろう」と知的好奇心を広げたり、「足がたくさんある！」と発見に驚くなどの二人称的な世界を経験し、そこから虫との豊かな学び（文化的実践の世界）へと広がっていくのです。

　バーチャルだけでは、このような豊かな体験が起こらないことは言うまでもありません。この豊かな直接体験があったうえで、場合によってはダンゴムシの足をもっとていねいに見てみたい、などの子どもの関心から電子顕微鏡を使うことで、よりリアルな関心を高めることもあるでしょう（使用する方がよいという意味ではありません）。ICTはあくまでも体験を豊かにするための「道具」で、それを阻むのであれば、使用しない方がよいのです。

子どもの育ちに有効なICTの使い方・マイナスな使い方

デジタル環境の特性を踏まえること

　乳幼児は遊びを通して、環境に主体的にかかわるなかで学ぶ存在です。同時にモノや自然などの環境自体も子どもに働きかけてきます。そのような周囲の環境が、人に何らかの意味や価値などの情報を提供するのです。これが、ギブソンという心理学者が提唱した「アフォーダンス」という理論です。保育の場において、園舎や園庭の配置・動線や、保育室に置いてあるもの、子どもにかかわる人々も、環境として子どもに呼びかけ、子どもの行動を促すものとなると言えるでしょう。

　P.8～9の有識者検討会の4項目では、この「『環境を通して行う教育』の環境にはデジタル環境が含まれる」としています。ですから、デジタルやICT環境などをいかに考えるかもとても重要なのです。

　ともすると、デジタルやICTは幼児にとって強い刺激を与える環境にもなり得ます。家庭などで日常的にタブレットなどに親しみがあれば、そこに置いてあるだけですぐに手を出しやすくなるでしょう。特に、動画やゲームなどは、強い視覚的あるいは音声的な情報で子どもに働きかけてくるかもしれません。展開の速いストーリー、ビビッドな色彩、派手な効果音、デフォルメされたキャラクターなど、子どもたちが動画やゲームにはまりやすいのはそのためだと考えられるのです。

　乳幼児は本来、道端の石や葉っぱや小さなアリなどに目を向け、関心をもち、触れ、不思議がり、驚き、好奇心を深めたりします。大人が気づかないような淡い刺激とも言える環境にも心を動かしたりします。もし、日常的に刺激の強い環境のなかで育つとすれば、

そうした感性が育ちにくくなり、ICT とのかかわり自体が目的となってしまったり、自ら主体的に環境にかかわることが阻まれる可能性もあるでしょう。そうだとすれば、ICT の提供を見直すことも必要と言えます。もちろん、心を動かすような体験が豊かであれば、たとえ保育室にデジタル環境があっても、それに振り回されないですむのです。その場合、子どもはデジタルや ICT を単なる環境の一部として捉えているのですから。

子どもの育ちに
有効な使い方とは?

　それならば、「保育に ICT はいらないのではないか?」という考えもあるでしょう。しかし、すでに ICT は子どもたちの生活にかなり浸透しています。そのことを踏まえると、保育のなかで、遊びがより豊かになるために「ICT をいかに活用できるか」を大人が考えることが、必要になるでしょう。

　では、保育のなかでの ICT の有効な使い方とはどのようなものでしょうか。ICT を取り入れると言っても、環境を全て ICT にするのがよいということではありません。保育室に ICT があふれてしまうと、その環境自体が「ICT を使いましょう」と子どもに強く働きかけることになってしまいます。

　では、「ICT は、お昼寝の前に動画を見せるのに活用しています」というのは、子どもの育ちに有効と言えるでしょうか? 　動画を見ること自体が悪いわけではありませんが、このような使い方しかしないのであれば、ICT のツールを使うこと自体が目的となってしまう受動的な使い方で、むしろマイナスと言えます。

　ICT はあくまで「道具」です。子どもの活動の流れのなかで「道具」として使うことで、有効となります。「ICT を使ってなにかをする」のが目的ではなく、遊びのなかで「もっとこうしたい」という思いが出てきたときに、「それなら、これを使ってこうしてみよう」という発想の助けになるのが、「道具としての ICT」ということなのです。

ICTの可能性

子どもたちの知的興味や
表現の世界が広がる

　ICT を活用することで、「学びや興味を深める・表現の世界が広がる」というメリットも考えられます。

　例えば、子どもが風の音や鳥の声に興味をもったときなどに、音を録音するような機器を使用することで、子どもの興味関心を深めることがあります。ある園で、実際に外に出

て風の音を拾い、それを聴いて、自分なりの感じ方でその音を言葉にして表現する活動を見る機会がありました。風の弱い日と強い日では違うといった声が上がるなど、幼児が音をていねいに聴いたり、感じたことを言葉で表現したりと、実に豊かな体験になっている実践でした。まさに、そこには、デジタルとリアルの往還があったのです。

　また、音のことで言えば、鳥の声に関心をもったときに、「この声の鳥ってなんだろう」「どんな鳥だろうね、ちょっと探してみない？」「鳥の鳴き声って違うのかな？」など、興味を広げてみることも可能かもしれません。「音探し」がきっかけとなり、周囲の世界への知的関心や探求心が広がり、五感を使うことにもプラスに働く可能性も秘めているとも言えるでしょう。つまり、デジタルやICTをどこで活用することが、豊かな体験や学びのために効果的なのかを問うことが大切なのです。

オンラインで
異文化コミュニケーションにつながる

　他にも、インターネットを介したオンラインツールを使えば、実際に会うことが難しい遠方の人や、異文化に生きている人ともつながる可能性が開かれます。

　私の知っているある園では、保護者が海外に転勤して退園した友達と、オンラインでつながるだけではなく、その子が転居して友達になったその国の子どもともつながり、お互いが今夢中になっている遊びを紹介し合う機会が生まれたりしていました。これは、豊かな異文化コミュニケーションです。自分たちとは異なる文化や生活、あるいは異なる国籍や人種の人と言葉の壁を乗り越えてつながり、親しみをもつ経験は、多様な文化への理解などを学ぶ重要な機会にもなるでしょう。場合によっては、異なる地域の遊びに刺激を受けて、自分たちもやってみようということや、手紙を送ろうというアクションなどにもつな

がるかもしれません。オンラインツールが豊かなリアルな体験へとつながり得るのです。

科学的な好奇心につながる

生き物への興味から ICT を活用することで、科学的な好奇心を深めるケースもあります。 特に虫の産卵など、子どもが園にいる間にその瞬間に出合えなくても、保育者がその場面を動画撮影することで、それをプロジェクターに投影してクラスでその感動を共有できることがあります。また、デジタル顕微鏡を使用することで、裸眼では見えにくい虫の赤ちゃんの様子をじっくり観察することも可能になります。そのことが、よりその虫をていねいに飼育したいといった親しみや、科学的好奇心につながっていくこともあるのです。

また、検索アプリなども、「これ、なんだろう」と思った生き物の名前などを便利に検索することができます。名前がわかることで、今まで関心がなかったその生き物への関心につながることもあるでしょう。ただ、この**検索アプリなどは便利だからこそ、その落とし穴に留意することも必要**です。なんでも検索して調べてしまうことで、「これはなんだろうね」と他の子とその生き物について想像したり、おしゃべりしたり、「お父さんに聞いてみよう」「もっと知りたい」などといった創造や探求、対話のプロセスを喪失させてしまう可能性があるのです。そのため、むしろ基本的には、このようなアプリを使用しないという判断も求められるのです。すべての ICT 機器がそうですが、今、これを使用することが本当に豊かな学びになるかどうかの問いや判断が大切となります。

家庭や地域と共有できる

地図を画像で見られるアプリの活用も、多様な可能性をもっています。身近な地域をストリートビューなどで見ることで、デジタルでありながら、具体的なイメージを共有し、地域への理解が生まれることもあります。

子どもが作ったものを、地域に発信することもあるでしょう。子どもが、地域の海岸にごみが落ちていることに気づいたことから、環境への興味が芽生え、「ごみを捨てないで」

という地域への発信につながった事例もあります。ICT を使ってポスターを作成するなど、発信の方法を考えることも情報活動の1つです。

　また、子どもたちとの活動の振り返りに、写真・動画・地図アプリなどを活用するのも有効かもしれません。子どもが自分で作ったものを残しておきたい、または発見したものを共有したい、という思いから、写真の撮影者になることもあります。活動を記録しながら次の遊びにつなげたり、主体者となって友達や家庭と共有したりすることもできます。また、その際の子どもの目線を知ることで、子どもの興味の方向を保育者が知ることにもつながります。

支援を必要とする子が、ICT によって自分を表現できたり、 他者とかかわれたりする

　子どもの特性によっては、ICT やデジタルに対して興味をもちやすく、それがあることで安心できる居場所になったり、集中して取り組みやすくなったりすることがあり、他の子とのコミュニケーションを生み出すツールとして生かされる場合もあります。そのような子どもに、ICT ツールが有効に活用されることもあるのです。

　ただ、ここでも重要なのは、ICT ツール任せにするのではなく、必要な場面に限って使用したりする判断が求められるということです。そのツールがあることで、より安心して活動できたり、より他の子とのコミュニケーションが豊かになるよう活用することを大切にしたいものです。むしろ求められるのは、他の子との分断にならないように配慮することです。それには、その子が ICT を使って見ている世界を、クラスの子と共有する機会があることが必要です。「○○ちゃんは今、○○をやっているんだね」とか、「みんなもこれ教えてもらってやってみない？」などのアプローチがあり得るかと思います。その子と他の子どもたちがつながったり、協同したり共有したりすることを、どう生み出していくかが大事になってきます。「その子の見ている世界をともに見る」という意識を保育者がもたなければ、ICT の使用は分断を生み出すものになりかねません。

ICT導入における留意点

ICT導入において気をつけたいこと

ゆっくり触れ、感じ、おしゃべりし、想像し、試行錯誤する時間の必要性

　ICT を取り入れるうえで重要なのは、「どこで使うと、有効なのか」を考えることです。それは ICT でなくても、保育者が子どもに環境をどう出していくことがよりよいのかを考えていくことでもあります。

　例えば、虫を見つけたとき、その興味関心に合わせてすぐにその虫の図鑑を出すということがあります。図鑑を出すことで、子どもたちはその虫の名前を知ったり、なにを食べるかやその分類などの知識を得て、興味関心を高めるかもしれません。でも、もし図鑑をすぐに出さなかったらどうなるでしょう。もしかすると、「この虫なんだろうね」「これ、△△っていうんだよ」「違うよ」「え、△△じゃない？」「△△ってこうなんだよ」「前にお父さんが△△って言ってたもん」「△△は卵も産むんだよ」「おれも知ってる」「△△って葉っぱの下にいるんだよ」「ホント、じゃあ、探しにいってみようか？」などのおしゃべりが生まれたかもしれません。そして、そのあとに草むらでその虫を見つけ、「やっぱりここにいた！」などと、仲間と一緒に驚きや喜びにつながることもあるでしょう。

　もちろん、図鑑を出してもそれは生まれるかもしれませんが、「知る」ことだけに興味がいってしまうことで、ゆっくり触れ、感じ、味わい、語り合い、想像し、なぜだろうと思いめぐらす時間を失う可能性もあるのです。私たちはそうしたことも視野に入れて、環境を提供する必要があるのだと思います。ここでは、図鑑を出すことを例に挙げましたが、それは検索アプリや、ネット検索を行うことなど ICT ツールを使用する場合も同様なのです。

今、大人の生活がすぐにスマホで検索することが当たり前になっているなかで、そのことにより失われるものへの意識を高める必要があるのだと思います。

どのようなICT機器やアプリが望ましいか

子どもの想像力で遊び方を生み出せ、子どもが手を加えていける「可塑性」があるもの

　「子どもにとってどのようなアプリがよいか」は、「いいおもちゃの条件はなにか」と似ていて、私はいつも「可塑性があること」と言っています。つまり、**いろいろなものに変わっていく可能性があるもの**ということです。

　「遊び方が1つしかない」「こういうふうにしか使えない」おもちゃは、子どもたちのクリエイティビティ（創造性）を生み出すことができません。その意味で、子どもが工夫して手を加えたり、自分なりの表現ができたりするものが、いいおもちゃの条件と一緒で、豊かなアプリと言えます。

　それを踏まえたうえで、**アプリを選ぶポイントは、「遊ぶためのアプリ」ではなく、「子どもたちの興味関心を豊かにするアプリ」**ということです。「アプリを道具として使う」というのは、「そのアプリを使ってやりたいことが先にある」と言ってもよいでしょう。例えば、子どもたちがお話づくりや人形劇に取り組むなかで、自分たちの表現手段として動画を作ったり、そこに音をつけたりすることができるもの。「ここをこうしたいから、これを使ってみよう」と子どもが自分たちの欲求をもとに、工夫しながら表現を作り出せるようなものがよいと思います。「道具」として使いやすいものであれば、普段子どもたちがしている遊びがさらに広がったり深まったりして、探求につながるでしょう。

ICTをよりよく使うために

　ここまで述べてきたように、乳幼児期は直接体験が重要です。ICT がその直接体験の機会を奪うリスクもあり得ます。逆にその活用方法によっては、むしろ豊かにその直接体験を深める「道具」ともなり得るのです。ここでは、バーチャルとリアルの往還ということも述べてきました。だからこそ、安易に ICT を使えばよいのではなく、私たちがどのように ICT を活用することが有効なのかを、目の前の子どもの姿を通して考えていくことが求められます。そのためには、ICT 機器を活用するにあたって、ICT 機器の教材研究も大切になっていくでしょう。繰り返しになりますが、大切なことはそれがより豊かな体験につながるかどうかです。

　また、ここでは述べませんでしたが、活用方法だけではなく、ICT 使用の低年齢化の問題性も踏まえる必要があると思います。園での ICT 活用を進めることが、家庭での ICT・デジタル使用を安易に広げることに結びついてしまうことへの懸念もあります。家庭との連携を通して、デジタル環境の低年齢化や過剰接触のリスク、直接体験の重要性を保護者に伝えていくことも大切です。だからこそ、保育を通して直接体験の豊かさを発信していくことが求められるのだと思います。

2章

ICTを使って広がる活動 実践例

保育の活動にICTを取り入れている園の実践例を紹介します。

ICTを使うことが目的ではなく、

園の環境や子どもの姿に合った導入の仕方で、

「道具」の1つとして遊びに生かしている様子を見てみましょう。

ICTの活用で探究心と体験の共有を実現

お茶の水女子大学附属幼稚園（東京都・文京区）

お話／園長：小玉亮子　副園長：髙橋陽子　5歳児担任：灰谷知子　伊藤綾子

 お茶の水女子大学附属幼稚園はこんな園！

大学の附属園として、研究とともに

　本園は、日本で最初の幼稚園として1876年（明治9年）に開設され、2021年には145年目を迎えました。大学の附属園として研究の場であるとともに、学生の実習の場でもあるのが特色です。

　保育者は、幼児期を「遊びを通して多くのことを学び、その後の人格形成の基盤になる特別な意義あるもの」と捉え、子どもたちが健やかに、社会のかけがえのない一員として成長することを願い、日々の保育に取り組んでいます。

　また、学内にある附属のいずみナーサリー（小規模保育施設）・文京区立お茶の水女子大学こども園（保育所型認定こども園）と協働し、子どもの遊びや姿から、保育のありようについて語り合ったり、地域の子育て支援、2歳児から3歳児への接続に焦点をおいた連携研究を行ったりしています。小・中・高・大が同じキャンパス内にあるため、教員どうしで学びの連続性や接続期についての研究や子どもどうしの交流も行っています。

 保育で大切にしていること

社会の一員として周囲とかかわり
自ら考え行動する

　幼児期の生活の中心は遊びであり、遊びを通して多くのことを学ぶことから、子どもがそれぞれやりたいことを見つけ、身の回りのもの・人・環境とかかわって遊ぶことを重視しています。そのため、一人ひとりの興味・関心によって、日々の過ごし方も異なります。

　子どもは自ら育とうとする力をもっています。安心して園生活を送れるよう、保育者は一人ひとりとていねいに信頼関係を築くことを大切にしています。そして主体的にやりたいことに取り組めるよう、環境を準備したり、時には仲間の1人となって遊びを支えたりしています。

各保育室と園庭の間にあるコンクリート敷きの「三和土（たたき）」。そこにあるテーブルが遊びや交流が広がる拠点となっています。

園の基本情報

国立大学法人
お茶の水女子大学附属幼稚園

園　児　160名
　　　　（3歳児40名、4歳児60名、5歳児60名）
保育者　13名　その他職員　1名

これまでのICT環境

記録やドキュメンテーション作成用に保育者が使用

　5～6年ほど前から、デジタルカメラを保育記録や保育者間での共有・研究・評価などのために使用するようになりました。現在は保護者への保育紹介にも活用しています。デジタル機器はドキュメンテーションの作成など、保育者のみの使用で、子どもの活動にICT機器を取り入れることはしていませんでした。

一日の保育の流れ

（お弁当のある日）

- 9:00　登園
　　　　やりたいことを見つけて遊ぶ
- 11:15　お弁当（年齢ごとに順次）
- 12:00　やりたいことを見つけて遊ぶ
- 13:30　集まり・降園（年齢ごとに順次）

（お弁当のない日）

- 9:00　登園
　　　　やりたいことを見つけて遊ぶ
- 11:30　集まり・降園（年齢ごとに順次）

子どもの活動にICTを取り入れた理由

活動内での子どもの思いからデジタル顕微鏡の購入を検討

　もともと保育の活動のなかでICT機器は使用していませんでした。虫が大好きな子どもたちが虫めがねで虫を観察したり、発見したことを帰りの集まりで友達に紹介・共有したりする機会を重ねてきたなかで、保育者が「もっとよく見えたら、さらに興味が深まるのでは」と、もともとあった顕微鏡（デジタルではない光学式のもの）を出してみました。ただ顕微鏡の調子が悪く、あまりよく見えないことに、子どもたちはもどかしさを感じているようでした。

　子どもたちの、「見つけた虫をよく見たい」「見つけた虫を友達と一緒に見たい」という思いに沿うような新しい顕微鏡を購入しようと調べたり、大学の教員に相談したりして、デジタル顕微鏡に行きつき、購入することにしました。

デジタル顕微鏡で「もっと見たい」が広がる

子どもが手を動かしながら試行錯誤するなかで、
道具として使い方を獲得していきます。

シンプルなつくりで、ダイヤルを回してピントを合わせるのは光学式と同じながら、今までにない機能が充実。

9月上旬〜
きっかけ

「もっとカマキリの細かいところを見たい！」

　虫好きな子が多く、4歳児の頃から虫探しや虫めがねでの観察を楽しんできた子どもたち。5歳児に進級後は、子どもたちの方から「見つけた虫をみんなに紹介したい」という声も出てくるようになりました。そのようななか、たまたま園庭で死んでしまったカマキリを発見した子どもがいました。体のつくりなどを観察するうちに、「もっと細かいところまで見たい」との思いが高まり、古い顕微鏡でのぞいたものの、壊れていてよく見えませんでした。ちょうど、購入していたデジタル顕微鏡をどのタイミングで使い始めようかと保育者間で話していたため、その機を捉えて「よく見えるものがあるよ」と、園庭からも保育室からも子どもたちが集まりやすい三和土（P.22 参照）に、デジタル顕微鏡を設置しました。

子どもの「もっと見たい」に「今が出す時だ！」とデジタル顕微鏡を出すことにしました。

保育者の思い

デジタル顕微鏡を三和土に出すと、虫に興味がある子だけでなく、『なにか新しいものが出てきた』と子どもたちが集まってきて、みんなでカマキリを見ました。

ICTとの出合い

初めは試行錯誤から

　初めはカマキリを台の上に載せ、いくつかあるダイヤルのどれを回せばよいかわからないまま、いろいろ試していた子どもたち。そのうち偶然焦点が合ったその瞬間、みんなが「あ！」と釘づけに。そこから、少しゆっくり動かすとピントが合う瞬間が来ることがわかる子も出てきて、慎重に操作を続けます。画面にカマキリの体がはっきり映ったときにはみんなの視線が集まり、「見えたね！」と大喜び。代わるがわるダイヤルを動かしながら、その子なりに見え方を探していました。だんだんこつがつかめてくると「ここを動かすといいよ」などと使い方を教え合う姿も見られました。

子どもが新しい機器の機能にどう「出合う」かを大切にしたいと考え、一緒に体験しながら子ども自身がどう使い、どう反応するかを見守りました。

保育者の思い

興味の広がり

「身の回りの いろいろなものを 見たい！」

使い始めの頃は、虫好きの子どもが中心となり、飼っているクワガタや死んでしまった虫などを見ていました。そのうち「他のものも見てみたい」と自分の指を映し始めました。「毛が生えてる！」という発見に、次々に自分の指を映して毛や関節のしわを見て笑い合い、大盛り上がり。さらに、段ボールや新聞紙、ハサミなどの素材や道具を見たりするなど、身の回りのものを大きくするとどのように見えるかに、興味が広がっていきました。

肉眼とは異なる視点に出合う

ある日、前日に苦労して捕ったオニヤンマが死んでしまい、落ち込んでいたＡくん。他の子がデジタル顕微鏡を使う様子を見て、「ぼくもオニヤンマを見たい」と観察し始めました。拡大してじっくり見ることで、羽の模様のおもしろさに目を奪われ、長時間見入っていたＡくん。生きている時は肉眼で全体像を見るだけだったのが、拡大という異なる視点で見ることで、新たにオニヤンマに出合い直す経験をしたようでした。

クワガタのエサ用に野菜を切っているうち、断面が気になりデジタル顕微鏡で観察。友達どうしで「断面あてクイズ」が始まりました。

新聞紙の文字は拡大すると文字のパーツに目が行きます。ハサミも拡大することで、刃の模様に気づきました。

ハサミの刃を見たよ！

ナスの断面だよ！

保育者の思い
子どもたちの「どんなふうに見えるかな？」「この道具を使ってみたい」という好奇心を大切にし、自由に楽しみながら使える雰囲気作りを心がけました。

機能の習得

動く虫も 撮影できる！

使っているうちに子どもたちはデジタル顕微鏡に撮影機能がついていることに気づき、ピントが合った瞬間を捉えて撮影するようになってきました。ある日園庭で、見たことのない虫を発見。1人が捕まえて「（デジタル）顕微鏡で見てみよう」と言ったため、保育者が動く虫を入れられるキャップ付きの透明ケースがあ

ることを伝えると、それに入れて見ることに。動き回る虫を見ようと、ケースを動かしたり、高さを調節したりと意見を言い合いながら試行錯誤。ようやく一瞬ピントが合うと「わあー！」と歓声が起こりました。〈虫が動くと、手元を動かす〉を繰り返していたある日、虫を見ていた子がタイミングを見計らいシャッターを押すと、見事、虫の節や頭の撮影に成功！　動く虫だからこそ、その瞬間を捉えられた喜びは大きく、また、偶然撮れた写真を友達と見ることで感動も共有でき、達成感を味わっていたようでした。

動く虫の撮影に成功！　足の節や頭など、肉眼ではなかなか見えない部分を鮮明に記録し、何度も見返すことができます。

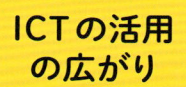
探究心が深まり 新たな機器の活用へ

デジタル顕微鏡にも慣れ、ブームが落ち着いてきた3学期。地面に霜柱ができるようになると、霜柱や氷を拡大して見たり、園庭の岩を割って見たいという子どもが出てきました。その頃には、おもしろい模様の石をただ「見てみたい」から、もう1歩先の「この石はどう見えるのかな」「きっとこれはきれいに違いない」など、自分たちで予測を立て、想像力をふくらませて楽しむようになっていました。

ちょうど冬休みに、卒業記念品として保護者からプロジェクターをいただいたこともあり、デジタル顕微鏡とつないで大きく映すことにしました。

「石を砕いたらどうだろう？」「ピカピカに磨いた石を見てみたい」などの思いから、石を洗ったり拭いたり、いろいろ試して見てみることに。

ICTの活用の広がり

プロジェクターでより多くの人を巻き込む

「こんなにすごいものだからみんなに見せたい」という思いが強くなり、プロジェクターで大きく映してみんなで見られる場を作ることに。集まってきた小さいクラスの子に「どうぞ」と椅子を用意したり説明をしたりして、多くの人とのかかわりが生まれていきました。

割った石の断面をプロジェクターで大きく映し、みんなで驚きや発見を共有。

道具として定着

自分の興味に応じて使える道具に

それまでデジタル顕微鏡にあまり興味を示していなかった子どもも、3学期になって、「こんなの見つけたよ」と新たな素材を持ち寄り、友達と共有する姿が見られました。デジタル顕微鏡を特別な道具として大事にしまい込むのではなく、身近な道具の1つとして定着したことで、子どもたちがその時どきの興味に応じて活用するようになったと感じます。

この活動で使用したICT機器

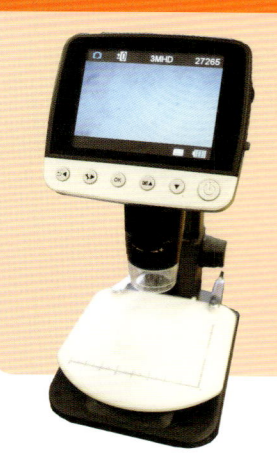

●デジタル顕微鏡
拡大した画像を液晶モニターに映すタイプの顕微鏡。
・クリアな画像で観察できる
・複数名で見られる
・動くものも見られる
・そのまま撮影できる
・大きなモニターに接続できる

使用したものは、350万画素／拡大倍率最大500倍のもの。

ICTを活動に取り入れてよかったこと

見るものも驚きも
みんなで共有できる

　従来の顕微鏡は、自分とものとの一対一の集中したかかわりでしたが、デジタル顕微鏡は2〜3人が一緒に見ることができ、そのときのワクワク感や発見まで「共有できる」のが強みです。

　またこれまでは、1人が見たものを、次の子が全く同じ状態で見られることはありませんでした。子どもがすごく苦労しながら試し、「ピントが合った！」というその瞬間を撮影して驚きを共有できることも、学びへの意欲につながるように感じています。

ものへの興味・関心が
深まる

　今までと違う見え方を知るなかで、見つけたものへの興味がぐっと深まるとともに、「別のものを探してみよう」「これはきっとおもしろいだろう」など、発見や予想を楽しむようになりました。これは身近なものと、より一層探究的にかかわろうとする姿につながったと考えます。

　また、友達がデジタル顕微鏡や映し出されるものを見て盛り上がる様子から、「なんだろう？」と一緒にのぞいてみるなかで、新しい興味が生まれたり、ものに追究的にかかわっていったりする姿も見られました。

これからの　課題と展望

直接体験を十分にしながら
新たな世界との「出合い」を取り入れていく

　大切なのは生活のなかで、子どもたちがまずは自分の体を使って見たり触れたりする直接体験を十分にすること。そこから生まれた「もっと○○したい！」の思いを実現させる道具がICTと考えます。

　子どもがどう使っていくのかを見ながら、保育者も一緒に使ってみるようにしています。ICT機器は、繊細な扱いが必要なものもありますが、大事に扱おうとする姿勢は、ルールを決めるより保育者の姿から伝わっていくといいなと思っています。

　「このICT機器を活用すればこんなこともできるかもしれない！」と保育者の遊び心や探究心も試されているように思います。またICT機器などの新しい情報にも敏感でいたいと思っています。

mame's eye

大豆生田先生より

まずは体験がベース
そのうえで違う見え方に出合う

　この事例では、子どもたちが五感で虫を感じ、虫めがねで十分に観察していたことが大事なポイントです。その経験がベースとなり、「もっと見たい」という強い思いが生まれています。

　また、「違う見え方を知る」ことも重要。人が学ぶとき、違う角度から見ることでものへの理解が広がり、多面的になります。ここではデジタル顕微鏡がその可能性を広げたと言えます。

　誰かの強い興味関心が、他の子の興味関心へと協同化されていく点もポイント。プロジェクターなどのツールもそこに生かされています。

影遊びから劇ごっこへ ICTで広がる活動

三重大学教育学部附属幼稚園（三重県・津市）

お話／園長：杉澤久美子　教頭：早川ひろみ

 三重大学教育学部附属幼稚園はこんな園！

広大な園庭でのびのびと 思う存分体を動かし挑戦する

　本園は 1929 年（昭和 4 年）に亀山町立幼稚園として開園、昭和 20 年に国立移管し、三重師範学校女子部附属幼稚園に、昭和 24 年に三重大学設立に伴い、大学の附属幼稚園となりました。

　大木に囲まれた広大な園庭には、さまざまなアスレチックや大タイヤ、築山などがあり、子どもが思いきり体を動かすことのできる空間になっています。子どもたちは豊かな自然のなかで五感を使い、のびのびと体を動かしながら、友達と一緒に遊びを工夫したり、また自分たちで目標を決めて挑戦したりしています。

 保育で大切にしていること

探究心をもって、 友達と試行錯誤しながら遊ぶ

　本園では、「ひととの対話が深まる保育環境〜遊び込む姿を目指して〜」という研究テーマのもと、子どもが「明るく健康で・豊かな心情をもち・友達と考え合って・のびのびと活動する」姿を目指しています。そのために保育者は、子どもたちそれぞれの「探究する姿」（見いだした目的をもち、今までの経験を活かしながら、友達と一緒に試行錯誤して遊ぶ姿）を支えることを心がけています。子どもたち自身で遊びを見つけ、友達とかかわりながら遊び込むことで、意欲的に物事に取り組んだり、自分の気持ちを表現したりする力や、友達を思いやる心が育まれていきます。

目標の高さの枝に届くよう、ビールケースを積んで登る子、自分なりの目的をもってひたすら築山を掘り進める子など、頭と体を使って遊びに夢中です。

園の基本情報

国立大学法人
三重大学教育学部附属幼稚園

園　児 76名
　　　（3歳児20名、4歳児23名、5歳児33名）
保育者 7名　**その他職員** 8名

これまでのICT環境

保育者が撮影した写真などを、子どもたちと共有

　以前から誕生会では、誕生児が生まれたときの写真を書画カメラで映してスクリーンに大きく投影し、みんなでお祝いするなど、保育者がICTを活用していました。

　2019〜2020年頃に4・5歳児クラスにテレビモニターとタブレットを導入。子どもが興味をもったものを、保育者がデジタルカメラやタブレットで撮影し、テレビモニターにつなげてみんなで見るようになりました。また、保育中にすぐ見たいものがあるときは、タブレットで撮影してその場で数人で見ていました。記録用には、デジタルカメラで撮影してドキュメンテーションに使用するなど、活動とは使い分けていましたが、いずれも保育者が取り扱っていました。

一日の保育の流れ

（午後保育の日）
8：30	登園　自由遊び
11：00	みんなの活動
11：30	お弁当
12：15	自由遊び
14：00〜14：30	降園（年齢ごとに順次）

（午前保育の日）
8：30	登園　自由遊び
11：00	みんなの活動
11：30〜12：00	降園（年齢ごとに順次）

子どもの活動に ICT を取り入れた理由

ICT機器に興味を示した子どもの姿から

　誕生児の写真を書画カメラでスクリーンに投影していた際、操作する人の影がスクリーンに映ることに気づいて、スクリーンの前に立って遊び始めた子どもがいました。そこでICT機器を使った表現や遊びがなにかできるのではないか、とイメージしたのがきっかけです。子どもたちがICT機器に触れ、試行錯誤して遊ぶなかで、新しい発見や気づきを得られる機会にと、活動に取り入れることにしました。

　また、劇や運動会の遊戯などを自分たちで撮影して見ることで、自分たちがどんな姿でどんなふうにみんなに見えるかという視点をもって、演技に生かすようになるのでは、という思いもありました。

自然光での影遊びから、影を「作る」工夫に

9月 きっかけ — 影絵絵本をきっかけに自然の光で影遊び

2学期に『かげええほん』という、人が体や物を使ってシルエットで表現するという絵本の読み聞かせをしました。そこから自分たちも形を作ってみようという声が上がり、1〜2人でできる形から始まり、グループごとに形を作る表現に挑戦していきました。

実際に影に映したらどう見えるかを体験するために、外でやってみたらと保育者が提案。ただ、屋外では時間帯によって影の長さが変わるため、その時どきに偶然できた形を楽しんでいるようでした。

すべり台

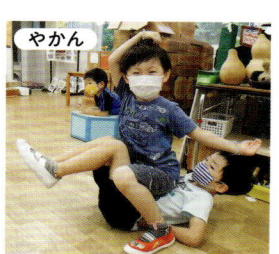
やかん

くじら

まずは1人で形を作ることから遊びが始まり、友達と一緒に工夫しながら表現が複雑になっていきました。

10月下旬 ICTとの出合い — プロジェクターの前に立つと影が映る！

その頃誕生会があり、誕生児の写真を書画カメラで撮影し、プロジェクターでスクリーンに映して祝う機会がありました。使用した機器を誕生会後にしばらく置いておくと、興味をもって触れ始めた子どもたち。そのうち、自分たちの影をスクリーンに映せることを発見。プロジェクターの前に立ち、さまざまな形を作ってスクリーンに映す遊びが始まりました。

影が映った！

遊ぶなかで、スクリーンから離れると影が大きく、近づくと小さく映ることや、体全体が映る距離感、子どもどうしが離れても影を重ねられることなどを発見しました。

子どもたちが自分でプロジェクターや書画カメラに触れることで、スクリーンに影が映るしくみに気づくのでは、と思い、ICT機器で遊べる時間を作りました。

保育者の思い

この活動で使用した ICT 機器

●プロジェクター

光源を使って画像や映像をスクリーンなどに拡大して投影する映写機。
・大画面で画像を見ることができる
・短焦点プロジェクターなら、30〜150cm程度の距離で投影可能
・省スペースで利用できる

使用したものは、液晶（透過型）／3700ルーメンのもの。

▲プロジェクター　　▲書画カメラ

●書画カメラ（OHC）

手元の書類や物体を映すのに適したWebカメラ。アームの先にレンズが固定され、真上から撮影でき、焦点が合わせやすい。
・写真や文書など、細かいものを拡大して直接プロジェクターに投影できる
・ズーム機能があれば画質を劣化させることなく超拡大できる

使用したものは、4K対応／1300万画素のもの。

10月上旬〜 新たな活動

劇遊びの始まり「そんごくう」をやろう！

同じ頃、さまざまな物語との出会いで子どもたちが気に入ったのが『そんごくう　だいかつやく』という紙芝居でした。長いお話でしたが、「早く続きを読んで！」と夢中になり、孫悟空の劇をやりたい、と劇遊びが始まりました。特に悟空がひょうたんに吸い込まれる場面や、ひょうたんの中の悟空の様子をどうやって表現するかを考え、つなげた模造紙に大きなひょうたんを描き、その前で演じることにしました。

お話の世界をイメージして、身に着けるものや小道具を作り、劇遊びが盛り上がっていきました。

活動の発展

模造紙に光が当たると影が映る！劇に取り入れよう

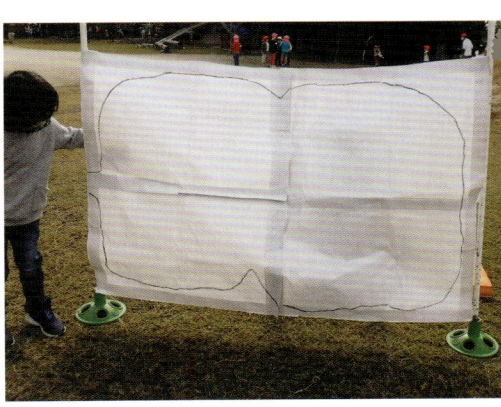

自分たちの体だけで表現するには限界があることに気づき、大きなゾウの耳は段ボールで作って後ろで持つ、尾も別の誰かが持つなど、役割分担して工夫するように。

ある日「外でやろう」と園庭に模造紙のひょうたんを持ち出した子どもたち。すると、ひょうたんの向こうから太陽の光が当たると、向こう側にいる子のシルエットが透けて見えることに気づきました。位置を替えて、太陽の光が当たる側に移動すると、ひょうたんに自分の影が映っていることを発見。ひょうたんの絵の前で演じるつもりだった、ひょうたんの中の悟空や、牛魔王との化け合戦も、シルエットで見せたらおもしろい表現ができそう、と工夫が始まりました。

プロジェクターで遊んだ経験と、外での光と影の発見がつながり、影絵ならもっといろいろなものを表現できそう、という期待が高まったようです。

保育者の思い

表現を「見せる・伝える」工夫をする

　孫悟空の劇は、12月に行う「劇の会」で、保護者や他のクラスの前で発表することになりました。練習では、自分たちで演じる様子をタブレットで動画に撮り、それを見ながらよりよい見せ方を工夫しました。影絵で表現する場面では、「チリンチリンチリンチリン、ジャーン！」という楽器の音を合図に、電気を切ってスクリーンの裏から光を当て、「悟空は○○に化けました」のナレーションとともに影を作成。劇と影絵の表現を組み合わせた大作ができあがりました。

くじゃくに似た5色の羽をもつとされる伝説の鳥、「ほうおう」は複数人で翼をバラバラに動かして演じるなど、影絵ならではの表現に工夫を凝らしました。

保育者の思い
自分たちがずっと演じるよりも、途中で影絵を使う方が表現の幅が広がり、本物らしく見える場面があると気づいたことで、「もっとこうしたい」という思いが強まったようです。

ほうおう

ぞう

保護者にも子どもたちの大作が伝わったようで、発表会後の懇談会では「すごかった」「子どもが家で話していたことと結びついた」などの声が聞けました。発表会に至るまでの過程を話してきたことで、子どもの育ちを保護者と共有しました。

保育者の思い

「石を凍らせてみよう」と、絵の具を混ぜた水に石を入れて凍らせ、展示。3学期の最後には石の発掘現場にも行きました。

達成感が自信につながり、他の活動への意欲が高まる

　劇遊びで自分たちがイメージした表現ができ、みんなに見てもらったことで大満足した子どもたち。やりきったという思いから、その後は、影遊びの前にずっと行っていた石の活動に戻っていきました。大作の影絵劇の経験から自信を得て、石の活動でも「こうしてみよう」「これをやりたい」と自分たちで次々とアイデアを出しながら、意欲的に取り組んでいました。

ICTを活動に取り入れてよかったこと

「もっとこうしたい」という発想から表現が広がる

影の形を体のみで作っていた時期は、それだけで満足して楽しんでいました。それが、人に見せる劇として客観視するようになったことで、より高みを目指すようになったと感じます。

表現したいものの姿を図鑑で調べ、本物らしく見えるにはどうすればいいかを考える、また、空想上のものをどう表現するとおもしろいかを考えるなど、表現の幅も広がりました。それは、プロジェクターなどの活用でよりくっきりと見えるようになったからこその展開だったと思います。ICTの特性をうまく活用することで、できることの幅が広がると感じました。

おどろきや発見を友達と共有できる

ICT機器は、自分が思っていること、表現しようとしていることが映像を通して伝わりやすいという利点があり、友達との共有の手助けにもなります。

子どもたちが練習で影絵劇を演じる様子を動画で撮影し、みんなで見ながらそこでの発見を共有することで、さらにアイデアも生まれていきました。驚きや喜びなどの感情も含めた経験をクラス全体で共有することで、より仲間意識も深まっていったように思います。

これからの 課題と展望

視点を共有するツールとして実体験とICTを行き来できるように

現在、デジタルカメラやタブレットは基本的に保育者が操作していますが、子どもからの要望があれば、自分で撮影して、その子ならではの視点を友達と共有するのもおもしろいと思います。また、今のところはアプリの使用は考えていませんが、活用できるものがあれば取り入れてもおもしろいかもしれません。

今、子どもたちのなかで「おばけになる」ことがブームで、楽器でおばけの音を表現しているのですが、そこにICTを活用できるかも、と考えています。楽器の実体験とICTとの行き来で、さらに活動に広がりが生まれていくかもしれません。

mame's eye

大豆生田先生より

影だからこその表現を友達と体を使って創造する

この事例のポイントは、自分の体・友達の体への関心が、自己と他者への関心や表現につながった点です。絵本をきっかけに、体でいろいろな形を表現できることに気づき、まず自分の体でやってみたというところがすてきです。

もう1つは、子どもたちが自分の分身が影として動くおもしろさに気づいた点です。試行錯誤しながら、体そのものではないからこその表現が豊かにでき、他者に見せることも含めた発展があります。デジタルの世界に埋まらない身体性があり、創造的なとてもよい活動です。

映像を五感で味わう低年齢からのICT活動

アルテ子どもと木幼保園（東京都・中野区）

お話／園長：山田寿江　元教育コーディネーター：竹澤暁美

 アルテ子どもと木幼保園はこんな園！

子どもたちの探究心をくすぐるクリエイティブな保育環境

　2019年に開園したアルテ子どもと木幼保園は、砂遊びやプール遊びが楽しめる広々とした屋上園庭や、2階のテラスにはジャガイモやスイカなども収穫できる畑があるなど、都会にありながらも自然に恵まれた環境です。

　園内のあちこちに置かれている印象的な形の「木」は、子どもが本来もっている個性を大切に育てたいという思いを表しています。子どもたちの豊かな発想を形にできるアトリエには専属のスタッフが従事し、多様な素材で表現活動を展開しています。特に3歳児以上は異年齢合同で自由に遊べる時間が多く、子どもの興味関心に沿った少人数でのプロジェクト型の活動も盛んです。

 保育で大切にしていること

子どもの気づきや発見に共感し、創造的なコミュニティを目指す

　本園では、子どもの気づきや発見に共感し、子どものもつ能力が発揮される保育を心がけています。そして、子どもを中心にさまざまな人が集う、保護者や地域に開かれた園を目指しています。

　保育者間でも、1人の思いつきがみんなのアイデアで活動に発展したり、保育者がおもしろそうと思った素材が自然にアトリエに集まってきたりと、大人も子どもと一緒に探究し、楽しみながら成長したいという思いが共有されています。保育者自身がちょっとした気づきも発信し合うことで、子どもたちが身近な出来事に驚き、自らが主体的に学び、遊びを展開していける環境づくりを日々模索しています。

園内にはあちこちに生花や子どもたちの作品が飾られ、子どもたちの感性を刺激。

5歳児が行う「ケーキプロジェクト」は、数人のグループで誕生日ケーキを製作。個性的なケーキが多く、写真は「あきはすずしいねケーキ」。

社会福祉法人 種の会
幼保連携型認定こども園
アルテ子どもと木幼保園

園　児　125名
（0歳児12名、1歳児15名、2歳児18名、
　3歳児26名、4歳児27名、5歳児27名）
保育者 30名　その他職員 10名

これまでのICT環境

ICTは場面ごとに検討して使用

　以前から登降園の管理や記録、一斉メールの配信などのICT化は進めており、現在もさまざまな場面でのデジタル化・ペーパーレス化の検討を行っています。写真撮影はデジタルカメラの他、園のスマートフォンやタブレットも活用していますが、保育のなかでは子どもたちがICT機器を自由に使えるようにはしておらず、使用するときに保育者が出すスタイルです。活動に合わせてICTを使用する場面はある程度選んでいます。

一日の保育の流れ

（0・1・2歳児）

7:15	順次登園・異年齢児合同保育
8:15	各クラスでコーナー保育
9:30	遊び（主活動）
11:00	昼食
12:00	午睡
14:30	おやつ・各クラスでコーナー保育 順次降園
17:15	乳児クラス合同保育
18:15	延長保育・異年齢児合同保育
20:15	閉園

（3・4・5歳児）

7:15	順次登園・異年齢児合同保育
8:15	幼児クラス合同保育
9:30	主活動
12:00	昼食
13:00	午睡
14:30	おやつ・自由遊び 順次降園
18:15	延長保育・異年齢児合同保育
20:15	閉園

子どもの活動に ICTを取り入れた理由

アトリエにはさまざまな素材や道具とともに、書画カメラも並び、子どもが使用できます。

開園時から、 映像を映す機器は保育のツールとして活用

　開園当時から、劇や発表会をするときに、舞台の背景としてプロジェクターで画像や動画を投影していました。クリスマス会では、事前に撮影した動画に合わせて保育者が演じたり、発表会では練習の様子を撮影し、子どもたち自身がそれを振り返って本番に向けて準備したりと、徐々に保育のなかで動画を撮影し、プロジェクターを活用するシーンが多くなりました。また、保護者に向けて、子どもの様子を映像で紹介する機会も増えました。

　その後、それらの実践を学会で発表する機会を得ました。その際、本園のプロジェクター使用例を知った電機メーカーが、短い距離でも投影できる短焦点プロジェクターを貸与してくださることになり、今までにない活用方法を試せるようになりました。

事例 0・1・2歳児 映像と触れて感じる自然の事象との出合い

ICTの活用① オオカミの映像体験　2歳児
プロジェクターに映したオオカミと出合う

歌遊びをきっかけに、オオカミに親しみを感じていた2歳児クラス。さらにオオカミへの興味を深めるために映像を活用できないかと考え、保育室にプロジェクターで映像を投影して森の世界をつくり、「オオカミを探しに行こう！」というバーチャルの森探検を楽しみました。

部屋を暗くし、森の映像を壁に映します。「オオカミの影があるよ！」「あそこにいるんじゃない？」と子どもたちの声が上がります。次に、画面いっぱいにオオカミの写真が映ると、「いたね」「牙がある！」「怖そう」などそれぞれ気づいたことを言い始めました。動くオオカミの姿を、図鑑を見るようにみんなでじっくり観察できたのは、映像ならではのよさだと感じました。

オオカミの映像は実物よりもかなり大きかったので、最初は怖がる子もいました。また、光源を気にかける子も何人かいました。

牙がある！

怖そう！

ICTの活用② 花火の映像体験　2歳児
天井に打ち上げ花火の映像を映してみる

当時の子どもたちは、コロナ禍で実際の打ち上げ花火を見たことがありませんでした。そこで、動画投稿サイトから花火の動画を探して、天井に映してみることに。本物の打ち上げ花火とくらべると、迫力もなく振動もありませんが、子どもたちは興味津々で、じっと天井を見つめていました。

映像のオオカミや花火にリアリティを感じ、イメージをふくらませて楽しむ子どもたちの姿を見て、0・1・2歳児は、バーチャルの世界をどう感じ、どのような反応をするのだろうか、という問いが生まれました。そこで、床にも投影できる短焦点プロジェクターの特徴を生かして、波の映像を保育室の床に映し、年齢ごとに遊んでみることにしました。

映像を使った試みは、「大人が想像しない展開や、新しい発見があるかもしれない」「興味深く観察し、その子のことをよく知りたい」といった思いがベースにあります。花火は天井、波は床に投影できるなど、短焦点プロジェクターはリアルに近い仮想空間を構成できることが魅力です。映像の多くは、アトリエのスタッフが活動に合わせて撮影しました。

保育者の思い

床に投影した 「波」と遊ぶ

0歳児 自分のペースで波とかかわる

保育室に隣接する小さな部屋を暗くし、音声も入った波打ち際の映像を床に投影しました。小部屋でなにかが起きていることに気づいたMちゃんは、波の音に驚き、部屋に入ることをためらいます。そのうち、月齢の低い子が先に部屋に入っていき、揺らめく波を手ですくいとろうとしていました。友達に刺激されたMちゃんもゆっくりと中に入り、友達の動きをじっと見つめますが、この日は最後まで波を触ろうとはしませんでした。

／ザザザ〜〜！

保育者の思い

初めて出合う波の映像や音に対して、警戒する子どもがいる一方、初めてでもためらわずにかかわろうとする子どももおり、反応に違いがありました。しばらくして慣れてきた子どもは、波の動きに好奇心を抱き、目で見たり、追いかけて触ろうとしたりする姿が見られました。

1歳児 友達をまねしながら表現して遊ぶ

0歳児と同じ環境の部屋で活動をスタート。部屋に入ると音や雰囲気に驚いて壁にくっつく子、光源を目で追ってプロジェクターを発見する子もいました。ある子が波の音のなかでシフォンの布を持って風にたなびかせるようにクルクル回り始めると、他の子も同調して布をそよがせます。また、ある子が布を持ったままごろーんと波の上に横になると、次々まねをして寝転がり、波を味わっているかのような子どもたち。保育者も一緒に寝転んで、顔を見合わせています。

実際の海を見たことがなくても、映像や音響のリアリティが子どもたちの感覚に訴えかけたようで、まるで本当に波打ち際で遊んでいるかのようでした。もしかしたら、波の冷たさやジャリジャリした砂の感触、浜辺の匂いなども、想像のなかで感じていたのかもしれません。

保育者の思い

●短焦点プロジェクター
投写距離（焦点距離）が短いプロジェクター。
・近い距離でスクリーンに投影できる
・持ち運べるサイズなので手軽にどこでも投影できる
・熱くならず、子どものそばで投影しても危険が少ない

使用したものは、13cmの距離で60インチサイズの投影が可能な超短焦点モデル。

▲ 短焦点プロジェクター

●デジタルカメラ
子どもが使いやすいように、サイズが小さく、操作が簡単なものを使用。

▲ デジタルカメラ

2歳児 波と自由に戯れて遊ぶ

　2歳児クラスは、保育室の一角に映像を投影しました。子どもたちは打ち寄せる波をよけながら歩いたり、波に濡れないようズボンをたくし上げたり、両手を広げてバランスをとったりと、よりリアルに波をイメージしているようです。十分波と遊んだ頃を見計らって、波打ち際に貝殻を撒いてみました。それぞれが手に持ちきれないほど貝集めに夢中になり、そばに用意しておいた透明の器の中に入れていきます。このときは、みんな無言で没頭していました。

絵本を持ってきて、リラックスしながらページをめくる子、赤ちゃんの人形を波で遊ばせてあげる子、ままごと道具で水をすくって集める子など、波の遊びは1時間くらい続きました。

子どもたちは映像とリアルを混在させながら、思いついたことを試し、夢中になって遊んでいました。ICTによって現実にはない環境を作り出したことで、子どもたちの体験の幅が広がっていると感じられた活動でした。

保育者の思い

アート展で「波の映像」を再現

　本園の造形展であるアート展では、来場者が床面に映した波を体験できるようにしました。ある小学生は、波の音と暗さが心地よいのか、何十分もこの部屋で座っていました。またある保護者は、実際の海に入るかのように靴下を脱いで映像の波の上をゆっくり歩いていました。保育の実践では、年齢が低い方が映像とリアルの境目なく遊ぶ傾向が見られましたが、映像をどう自分のなかで感じ取るかは、年齢ではなくその人の感性によるのかもしれないと感じた機会でした。

ICTの活用④ カモの映像体験

2歳児

捕まえたい、お世話したい！映像にも普段の遊びを

波の次に、カモの映像を投影することにしました。近隣の公園には春になるとカルガモ親子が姿を見せ、子どもたちも何度か目にしていたからです。カモが泳ぐ姿を撮影したものを床に投影すると、子どもたちはすぐに追いかけ始めました。捕まえようとしても捕まえられない！と夢中になる子どもたち。しばらくすると、ままごとコーナーからお団子を持ってきて、カルガモに食べさせようとする子が出てきました。1人が始めると他の子も続きます。子どもたちは当たり前のように、自分たちの普段の遊びを映像につなげて遊んでいました。

保育者の思い

大人から何も説明しなくても、子どもたちはどんどん映像のカモに自分からかかわって遊びます。まるでそこにカモがいるかのように遊んでいる様子から、2歳児はリアルとバーチャルの世界を自由に行き来しながら楽しんでいるように感じました。

ICTの活用⑤ 落ち葉の体験

0歳児

落ち葉の映像のなかで本物の落ち葉に触れる

リアルとバーチャルの両方を提示して、子どもたちがどうかかわるかを実践してみました。森の中で落ち葉がハラハラと落ちる音声入りの映像を壁面に映し、床には公園などで集めた落ち葉やどんぐりを敷き詰めました。最初、子どもたちは映像に目が行ったものの、カサカサという映像のなかの落ち葉の音を聞くと、床にある葉っぱに触れてちぎったりつぶしたりして自分で音を立てていました。

この様子を撮影した動画をあとから見て気づいたことがあります。Aちゃんが、映像の葉っぱが手にあたったと思い、「痛い」というしぐさをして泣きながら保育者のもとに向かっていたのです。大人は映像と現物を分けて認識しているけれど、子どもは目の前にあること全てをそのまま、環境として受け入れているのではと感じました。

カメラを持って散歩に出かけ 街の中で「顔」を見つける

10月下旬 きっかけ 子どもの見立てで「顔探し」の撮影

以前、散歩のときに子どもが道端にあるものを「顔みたいだね」と見立てたことがありました。本園は駅前の商業地域にも近く、さまざまなものがおもしろく見立てられるのではないかということと、自然物も豊富な季節であることから、12月のアート展に向けて、5歳児クラスで活動を行うことにしました。

子どもたちが撮影した「顔」

「トイレくん」
もみじやま公園の中を進んでいくと、突然笑いが込みあげてきたKちゃん。「何か見つけたの?」と保育者が聞くと「あれ!」と、指さしたのがトイレの建物。迷わずお気に入りの1枚に選びました。

「しんごうピカピカ」
いつもの元気な散歩とは違い、ゆっくりゆっくり歩きながら周りを観察するAくん。うまく写真が撮れると保育者とハイタッチ。特にもみじやま公園の機関車付近でたくさんの顔を発見しました。

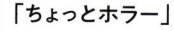

「ちょっとホラー」
この日2度目の顔探しだったMちゃんは園を出た瞬間から「顔」に見えるものがどんどん目に飛び込んでくる様子。一緒に行った友達に、見つけるこつをアドバイスしながら歩き、撮影します。お気に入りの1枚に選んだのは壁の写真。すんなり「ちょっとホラー!!」とタイトルをつけました。

12月中旬 ICTの活用 子どもが捉えた地域の「顔」をアート展で展示

撮影は、2〜3人ずつ出かけて行いました。子どもはそれぞれデジタルカメラを持ち、街を歩きながら「顔」を見つけたら写真を撮ります。デジタルカメラの扱いもすぐに慣れ、いいアングルで写真が撮れるようにさまざまな姿勢を試したり、安定した手つきでカメラを操作したりします。いつもとは違った視点をもって街を歩くことで、新たな角度から地域のことを知るきっかけにもなりました。たくさん撮ったなかから、それぞれがお気に入りの1枚を選び、アート展に展示しました。

「レモンめ」
探し始めると、次々と顔に見えるものを発見して急ぎ足になるEくん。自分の見つけたものを画面に閉じ込めるとき、至福の表情になっていました。

大人では気づかないおもしろい「顔」ばかりでした。こういった子どもたちの発想から保育者が学ぶことがとても大事だと考えています。

保育者の思い

ICTを活動に取り入れてよかったこと

映像と音の世界にも、子どもは入り込んで遊び出す

今回、0・1・2歳児はさまざまな映像と思い思いに遊んでいました。本物のオオカミやカモには触れませんし、実際の海なら怖くて入れないかもしれませんが、映像なら安心して自分の興味のままにかかわることができます。安心できる環境のなかで、「なんだろう？」「知りたい！」と思ったことに対して、言語以外の方法で表現する姿がたくさん見られました。

バーチャルな世界に入り込んで遊ぶ、子どもたちの感受性の豊かさ、柔軟さは保育者の予想を超えたものでした。

撮影と鑑賞が身近になり自分を客観的に見る体験にも

デジタルカメラによって、子ども自身による撮影や鑑賞が手軽にできることになったことで、身の回りの事象への新たな気づきが増えたこともICTのよさと言えるかもしれません。5歳児のデジタルカメラの活動のように、撮影したものを多くの人に見てもらったり、運動会で行うパラバルーンの練習の動画を見て、子どもたちがイメージを共有して新たな工夫につながることもよくあります。

保育者にとっても、映像の落ち葉が当たって痛いと感じて子どもが泣いた、ということなど、子どもへの新たな発見の機会にもなります。

これからの 課題と展望

多様な体験を生み出すICTのよさを生かして新たな活動を試し続けたい

ICTは、現実にはない世界を生み出すことができるツールとも言えます。今回、映像・音声・現実の世界を組み合わせながら、それらの場面での子どものかかわりを探りつつ活動を展開したことによって、ICTを活用した遊びの可能性を広げることができました。そして、それぞれの環境下で子どもたちは大人の予測を超えて豊かな表現を見せてくれました。

今後は、嗅覚や聴覚をテーマにした遊びや、四季折々の日本の風土や自然現象を取り入れた遊びのなかでICTを活用したいです。これからも子どもと保育者が一緒に探究し、豊かな感性を育んでいきたいと思っています。

mame's eye

大豆生田先生より

バーチャルとリアルの往還が現実を豊かにする

映像をメインにした環境からの刺激で、子どもたちの多様な表現が生まれてくることを感じる事例です。そして、バーチャルとリアルをどう捉えるべきかを考えるうえで、挑戦的な事例でもあると思います。

実際の海は風や音によって恐怖を感じたり、カモは臭かったりと、きれいごとではすみません。ただ、バーチャルの世界で魅力を感じることによって、現実の困難を乗り越える可能性が生まれます。バーチャルとリアルの往還が、現実をより豊かにするきっかけとなるのです。

子どものやりたいことにマッチしたICTの活用

野中こども園 （静岡県・富士宮市）

お話／園長：中村桐子　副園長：中村章啓　担任：中村天

🏠 野中こども園はこんな園！

**多様性と変化に富んだ自然環境のなかで
子どもがさまざまなことに挑んでいく**

　富士山の裾野にある本園は、昭和28年の開園時から一貫して、子どもたち一人ひとりの主体性を重んじる保育を行ってきました。富士山を望む広大な園庭は起伏に富み、数百本の木々や多種多様な草花は四季折々でその姿を変えます。敷地内には水路が流れ、蛇口から出る井戸水は、遊びに使うことに対して一切の制限はありません。太陽・土・水・泥んこに親しむなかで子どもたちは知的好奇心や感性を育み、活発な探索活動を繰り広げています。

園庭には井戸水の蛇口がいくつもあり、子どもたちはいつでも好きなだけ水で遊べます。

❤️ 保育で大切にしていること

**子どもの興味・関心から生まれる
主体的な活動を尊重**

　本園では、子ども自身が「おもしろそう」「やってみたい」と感じて始まる遊びを大切にしています。そして、いつ・どこで・なにを・誰と・どのように遊ぶのか、自分で選び、自分で決めることを尊重します。それができる環境は、保育者自身も主体となってかかわっていくことで作られていきます。

　例えば、大人が予測して環境を設定したり、きっかけを作ったりしたことから遊びが展開したとしても、遊び方が大人の想定からはずれていくことがよくあります。本園では、それを止めるのではなく、想像をはずれること、超えていくことを保育者自身がおもしろがり、子どもたちの挑戦や冒険を見守り、ともに楽しめる大人でありたいと考えています。

絵の具は、発色がよく濃度を調節できる粉絵の具を使用。筆の跡が残るため、子どもの思いや表現のプロセスを見てとることができます。

園の基本情報

社会福祉法人柿ノ木会
幼保連携型認定こども園

野中こども園

園 児 132名
（0歳児9名、1歳児18名、2歳児21名、
3歳児28名、4歳児28名、5歳児28名）

保育者 33名　その他職員 10名

これまでの ICT 環境

事務作業や活動の記録に職員が使用

職員の事務作業の効率化のために PC を導入していました。また、写真や動画を保護者へ発信したり、子どもが遊ぶ様子を捉えた写真を印刷して週案に貼ることで、翌週の環境構成に役立てたりしていました。カメラが好きな子どもが、保育中に自分で写真を撮って遊んだりしたことはありましたが、積極的に子どもの活動に取り入れようとはしていませんでした。

一日の保育の流れ

（0・1・2歳児）

7:00	順次登園・自由遊び
10:30	昼食
11:30	午睡
13:30	起床・おやつ・自由遊び
15:00	順次降園・延長保育
19:00	閉園

（3・4・5歳児）

7:00	順次登園・自由遊び
9:00	遊び・季節や行事の活動
11:00	昼食
13:00	午睡
15:00	おやつ・遊び
16:30	さようならの会
18:00	順次降園・預かり保育
19:00	閉園

子どもの活動に ICT を取り入れた理由

「物知りの先生が増えた」というイメージで導入

検索機能や子ども用アプリの入ったタブレットや、電子顕微鏡などの ICT 教材を知り、試験的に体験してみたときに、保育者が一番興味をもったのはマイクロスコープでした。持ち運びでき、目の前にあるものの細部を拡大して見ることは、園の活動でも、また家庭でもなかなか体験できないことなので、使ってみたいと思ったのがきっかけです。

普段使っている虫めがねや図鑑の代わりに、子どもたちが自分で実物を見て調べられるのであれば、保育者が提供するよりもさらに広い世界から、自分の好きなものを自由に見つけられるのではないか、というおもしろさを感じました。マイクロスコープ以外でも、ICT を導入することによって「物知りの先生がもう一人増えた」というようなイメージで、子どもたちが使っていけたらと考えています。

ICTで変化を実感 食パンを使ったカビの実験

みんなで触るよ!

5月下旬 きっかけ

保健師のお話で「バイキン」に興味をもつ

　梅雨の時期の前に、5歳児クラスに向けて保健師から手洗いやうがいの大切さを話す機会がありました。子どもたちがイメージしやすいように、「バイキン」によってものが腐ったりカビが生えたりしやすくなる、という話をすると、子どもたちが「バイキン」に関心を示しました。そして「バイキンを取り出して見てみたい」と手を挙げた8人による実験隊が結成され、カビプロジェクトがスタートしました。

　「バイキンってどんなところにいる?」という問いかけから、「手洗いが大事なら、手が汚いんじゃないか」「カビはだんだん増えて大きくなる」「顕微鏡を使ったら見えるかも」という意見が出て、パンを手で触って保管し、カビができる様子をマイクロスコープで観察することになりました。

6月上旬 ICTの活用①

4つの条件でパンを用意し、実験スタート

　食パンを用意し、少しずつ条件を変えた4つのパンを観察することにしました。まずは、買ってすぐのパンをマイクロスコープで観察。形や色について感じたことを話します。その後、実験隊がクラスのみんなに実験の方法を説明してから順番にパンを触りました。それぞれのパンはファスナー付きのポリ袋に入れ、子どもと保護者が観察できるように、登園・降園時に通る事務所の前に置きました。子どもたちは毎朝見に行くようになり、「きのうよりカビが増えていたよ」など報告する姿が見られるようになりました。

条件
- A: 買ってきたそのまま
- B: 実験隊8人がせっけんで手を洗って触る
- C: 実験隊8人が手を洗わずに触る
- D: クラスみんなの手で触る

> 実験隊のメンバーは8人ですが、他の子も興味をもてるようにという保育者の意図もあり、クラス全員が触ったパンも用意しました。

保育者の思い

この活動で使用したICT機器

●マイクロスコープ
デジタルカメラが搭載された小型の電子顕微鏡。
・モニターに映して、同時に複数名で見ることができる
・手持ちと固定の両方で使用できる
使用したものは、30万画素、50～1000倍の調整が可能。LEDライト付きで暗い場所でも使用できるもの。

▲マイクロスコープとタブレット

●タイムラプス（カメラ機能）
一定の間隔を空けて撮影した複数の写真を、連続で表示させてコマ送りの動画にする機能。スマートフォンやタブレットのカメラ機能に標準搭載されていることが多い。

●プロジェクター（P.31参照）
使用したものは、コンパクトで持ち運びしやすい軽量タイプのもの。100ANSIルーメン、最大100インチ、動画であれば2.5時間の連続再生が可能。今回の活動では、保育室の壁に投影して使用。

▲プロジェクター

ICTの活用② カビの状態をマイクロスコープで観察

実験開始から約10日後、実験隊8人はそれぞれのパンを、マイクロスコープで確認することにしました。

観察結果

A: 肉眼ではカビが生えているようには見えなかったが、マイクロスコープで見ていくと黒い点を発見。

B: 「カビが見える！」「Aとはカビの大きさが全然違う」「まだ食べられるところもありそう」などの意見が出た。

C: 肉眼では変わらないように見えても、マイクロスコープで見ると、ほとんどの部分にカビが生えていて、「これは食べられないね」と笑いながら話した。

D: 肉眼で大きなカビがたくさん見えるので「あー、大変だね、絶対食べられないよ」と子どもたち。マイクロスコープで見ることで、「いろいろな色のカビがある」「みんなが手を押した真ん中にカビが多い」などの発見もあった。

実験隊がマイクロスコープで観察・撮影したものを印刷して、クラスの子どもたちにも説明しました。

▼マイクロスコープで見えたカビ

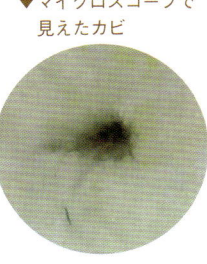

ここにカビがあるよ！

目でも見えるようになってきた！

6月中旬 ICTの活用③ タイムラプス動画をプロジェクターで見る

2週間程度で4つの条件の差がはっきりして、カビの実験は終了しました。この間、子どもたちが行っていたのはほとんどが「見る」活動。最後に「どうやって増えたんだろう？」と疑問を投げかけると、「わからない」「ずっと見ていればよかった」と子どもたち。そこで、「実はこんな動画を撮ったんだけど、見てみる？」とタイムラプスで撮影した動画をプロジェクターで壁に投影して、みんなで見ることにしました。子どもたちはポツポツと増えていくカビを見て、「なんか変わってる！」「動いているみたい」と喜び、おもしろがりながら変化の様子に見入っていました。

動画は、タブレットを固定し、タイムラプス機能を使って5日間くらい連続で定点撮影を行いました。その後、25秒程度の動画に編集しました。

動画は全ての観察が終わったあと、サプライズで見せました。実験の途中で見せなかったのは、子どもたちの肉眼でしっかりカビが増えていることがわかるタイミングまで待ってから見せたい、という思いがあったからです。

保育者の思い

1. かってきて そのままの ぱん
・2こ かびが みえる
・さいしょと ちょっと かわった
・たべられるが わからない
・かびのところを とったら たべられる かもよ

2. てをあらってから さわった ぱん
・かびが あるある
・おおきい かびも ある
・まわりのみみのところにも ある
・ぶつぶつになってる
・たべられるところも ありそうだよ
・はじっこは たべられない
・まんなかも けっこうあるなー

実験を振り返り、結果をまとめて発表

実験隊の話し合いは、子どもたち中心で進んでいきました。だんだんカビが増えたこと、いっぱい触ったパンはカビが増えやすかったことなどの実験結果を振り返り、「手はせっけんできれいに洗った方がいい」という結論になりました。

同時に、「他の子たちに実験のことを教えたい」という声も上がり、保育者が補助しながら結果をまとめることにしました。クラス全員の前で発表すると、他の子どもたちもパンの変化に興味を示し、しっかりと話を聞いていました。また、実験隊の姿を見て「実験や発表の活動をやってみたい」と言う子どももいました。その後、4歳児クラスにも実験結果をもとに手洗い・うがいの大切さを話しに行きました。

マイクロスコープでさまざまな自然物を観察

カビの実験のあと、なにかを観察する際にマイクロスコープを使用する機会が増えました。実験の直後は、園内のカビ探しが盛り上がり、園庭の木の下に生えていたカビや、木の表面に広がっていた白い紙のようなカビなどを見くらべていました。また、猫のエサを園内の数か所に置き、「違う場所に置いても同じカビが生える」という発見もしました。

レンコンを観察したときは、肉眼で見たときとの色や形の違いなどを味わうとともに、「なんでこんな形なのか、八百屋さんに聞きに行きたい！」と意見が出ました。実際に訪ねたところ、お店の人がレンコンの穴の役割などをていねいに説明してくださり、野菜について楽しく知ることができました。ICTの活用が子どもの興味を広げ、別の活動に発展するきっかけにもなっています。

園庭で見つけたダンゴムシ（左）とバッタのお腹（上）もじっくり観察しました。

ICTを活動に取り入れてよかったこと

ICTを使って見たこと・気づいたことが子どもに強く残る

ICTによって、肉眼では見えないものや、長時間の経過を動画で見られたことで、子どもたちがやりたいことの補助にとても役立ちました。

実験のあと、子どもたちは手洗いやうがいを熱心に行っていました。外から戻ると、帽子も取らないうちに「もう洗ったよ」「洗わないと、おなかの中があのパンみたいに真っ黒になっちゃうからね」と、実体験を通して手洗いの意識がしっかり身についたようです。子どもたちにとって強く印象に残ったプロジェクトでした。

観察して話し合うなかで自信をもって発言できるように

実験隊の子どもたちは、みんなに教える気持ちを保って最後まで活動していました。なかには、4月の自己紹介では緊張して恥ずかしがっていた子もいましたが、2か月間で堂々と発表する姿が見られるようになりました。それは、ICTを活用してさまざまな発見をし、話し合いを重ねてみんなで考える経験をしたことによるものだと思います。まず自分たちで予測を立て、自分の目で観察し、それだけでは見えない世界にICTを通して出合うことで、実感を伴った理解を得られ、自信をもてたように感じます。

これからの 課題と展望

保育で使うICTは「対話的な道具」であるべき

私たちが、保育の場で子どもたちが扱う道具に求めるものは、主に①対話的であること、②思考や感性を動かせること、③タフであることです。例えば、ハサミやカナヅチは、その姿が使い方を訴えかけ、使い方を間違えるといやな感触が返ってきたりします。このような「対話的な道具」は、構造や素材が扱い方をアフォードしていたり、道具からのフィードバックが習熟を促したりします。そうしたモノとの対話や、具体的な操作が頭と心を動かしているからこそ、子どもたちは遊びのなかで次々とアイデアが浮かぶのでしょう。フィードバックの質が向上し、安価で頑丈な機器が普及したときに、保育とICTは本当に融合していくのかもしれません。

mame's eye

大豆生田先生より

日々の体験がベースとなり探究や協働にICTが生きてくる

この園では普段から、子どもたちが外で遊び込み、豊かな環境からさまざまな興味をもつ経験をし、そのなかで日々子どもどうしが対話しています。それがベースにあるからこそ、「おもしろい！」「もっと知りたい！」という思いから、探究し、協働するプロセスが生まれます。そして、ICTによって物の見え方が多様化することに強い驚きを感じ、「使ってみよう！」と活動につながっています。それが「道具として使う」ということです。大人が一緒に考えることで、子どもたちが試行錯誤できた点も重要です。

アプリで音や動画を作成し みんなで共有する喜び

きたかしわ幼稚園（千葉県・柏市）

お話／副園長：大湊浩美　主任：松浦恵実

🏠 きたかしわ幼稚園はこんな園！

遊びとアートが生まれる園庭で 思い思いにとことん楽しむ

　1970年創立の本園では、これからの時代を生きる子どもたちのために、探究心や創造力を育むクリエイティブな活動を中心に保育を行っています。2023年に園庭をリニューアル。自然に親しみ、子どもの想像力・創造性を刺激する場所として思い思いの遊びを楽しめる場となっています。

　室内ではホールの一角のオープンスペースに、段ボールや包装パックなど、遊びや製作に使える素材がたっぷり。3歳児からさまざまな素材に触れ、いつでも自由に素材を選べる環境が創作意欲を高め、イメージ豊かに表現を楽しんでいます。

自然に触れながら思い思いに
過ごせる園庭。

♥ 保育で大切にしていること

一人ひとりの発想を大切に好きな遊びを楽しむ

　本園では、子ども主体の保育を念頭に、子どもたち自らの「やりたい」「こうしたい」をもとに、「気付く・話す・聞く・考える・相談する・遊ぶ」活動を大事にしています。子どもの自由な発想や発見が生まれる「好きな遊び」の時間と、クラス全体で盛り上がるごっこ遊びや製作遊びなどの時間の他、専門講師による体操・リトミックに、生活習慣も含めた「課題のある活動」の時間で、バランスのとれた保育を目指しています。

　活動や遊びの起点は子どもの探究心と想像力です。子どもたちが生き生きと遊ぶなかで好奇心をもち、自分で考えて行動したり、感情豊かに表現したりできるよう、保育者は育ちを支えています。

自由に使える素材から豊かな発想が生まれ、ダイナミックな表現に。

学校法人鴻ノ巣学園
きたかしわ幼稚園

園　児　260名
（3歳児80名、4歳児90名、5歳児90名）
保育者 25名　その他職員 10名

これまでのICT環境

保育者のみの使用からICT教材導入へ

　以前は、保育者がドキュメンテーションの作成の際、デジタルカメラで撮影した写真を印刷する程度でしたが、2018年に、子どもが使うICTとして、持ち運びしやすいタブレットに複数の幼児用アプリがセッティングされたKitS（きっつ）というICT教材を導入。現在は、KitSのタブレットが5歳児の各クラスに1台ずつと、園全体で40台ほどあり、どのクラスでも使用できます。アプリを使って作ったものを、テレビモニターやプロジェクターにつないでみんなで見たり、保育室の壁に映してごっこ遊びの背景にしたりしています。

一日の保育の流れ

8:30	登園
	好きな遊び
10:00〜11:00	課題のある活動
12:00	給食
13:00	好きな遊び
14:00	降園

子どもの活動にICTを取り入れた理由

ICTの講演をきっかけに導入を決定

　園としての特色を考えていたところ、ICT提供会社の講演で、「ICTは21世紀の〝ハサミ〟」という話を聞きました。それまでは「幼児にICTは早いのでは？」と考えていましたが、その講演をきっかけに、これからはICTを道具として使いこなす体験も必要と考え、KitSというICT教材の導入を検討しました。

　導入にあたっては、提供会社が開催するセミナーなどで、さまざまな園の具体的な事例を聞いたり、交流したりする機会がありました。初めはICTを取り入れることに抵抗感のある保育者もいましたが、他園の事例などから「こんなふうに使えるかも」といったひらめきや気づきを得てイメージが変わり、職員全体に期待が高まってきたことで、導入することにしました。

リアルなキャンプごっこから花火の音作りへ

9月上旬 きっかけ　夏休みの経験をキャンプごっこで再現

丸めたチラシにホイル折り紙を巻き、川魚のうろこを表現。

2学期が始まり、夏休みに楽しかったことの話から、釣り堀やお菓子屋さんを作って遊ぶ子どもがいました。なかでもキャンプが魅力的だったようで、複数の子どもが参加してバーベキューごっこから、テント作りが始まりました。牛乳パックやポリ袋を組み合わせてテントを組み立てると、中で寝るなどしてキャンプごっこに。そこに「キャンプ場のそばには川があって滝も流れているよ」という子どものひと言から、「川には魚がいるね」と、今度はチラシやホイル折り紙を使って魚作りが始まりました。

大きいテントにしよう！

うまく釣れるかな……

ライフジャケットがあるから安心！「ぼくたちは魚になる！」とお面を作り、釣られる役になる子も。

9月下旬 ICTの活用①　釣りに必要なものをタブレットで調べる

魚釣りが始まりましたが、普通に釣っているだけではこれまでの遊びと変わらず、飽きてしまった子どもたち。タブレットを使い、インターネットで検索して釣りについて調べてみることに。自分たちで検索ワードを入れて調べると、魚を釣るヨットがあることを知りました。おもしろそう、と段ボールでヨットを作り始めたところ、「川に落ちたとき着る服がないと溺れちゃう。黄色い服がほしい」という声で、ポリ袋でライフジャケットを作り、ヨットに乗ることになりました。

この活動で使用したICT機器

●KitS（きっつ）
タブレットに幼児用のアプリ（約5種類）をセットしたICT教材。

◀タブレット
（タブレットの説明はP.57参照）

「KitS」のアプリ

アートポン！……描いた絵や製作物を画像として取り込み、画面の中で自由に動かせる

mobie（モビー）…写真や絵を組み合わせて声を録音し、アニメーションのような動画にすることができる

おとえ……………撮影した写真に録音した音を合わせて、写真をタップすると、音も再生できる

▲アプリのアイコン例
（アプリの説明はP.93参照）

活動の展開　夜を作ろう！星や花火も作りたい！

　川ができると、今度は夜の設定を作りたくなった子どもたち。まず作ったのは「蚊取り線香」！　昼も夜も蚊に刺されないようにと考えました。夜空は黒のポリ袋にキラキラテープを貼って星や花火を作り、天幕状に。そうして星のエリアと花火のエリアができると、「望遠鏡がほしい！」「手で持って花火をしたい！」という意見が出て、望遠鏡や手持ち花火作りに展開していきました。

保育者の思い

大人の発想では思いつかないものが出てきます。作ったものは一度廊下に片づけますが、続きがやりたければ翌日また出して遊びます。長く続く遊びは興味が続いている証です。

望遠鏡を作って、夜空の星や花火を観察。

遠くの星まで見えるよ！

10月中旬 ICTの活用② 自分たちが花火になろう！音を作って表現する

＼ドーン！／

「ドーン」の音と一緒に飛び上がって花火を体現！

　花火を作ると、今度は「花火になりたい！」と自分たちが花火になって表現し始めた子どもたち。さらに「花火の音がほしい」という声が。みんなで「ドーン！」と声を出して、「おとえ」というアプリの機能で録音。花火の動きをするタイミングに合わせて音を出し、打ち上げ感を演出しました。その後、楽器や身近なものを使って花火の音の表現は発展していきました。

描いた絵で動画を作成して映画館作り

1月上旬 新しい活動
映画館に行った子の話から「作ってみよう」に

　3学期に入り、年末年始に「映画館に行った」という子どもが多くいました。行ったことのない子も一緒に「どんなところ？」と話していくうちに、「映画館を作ってみよう」ということに。友達どうしや家の人の話からイメージを膨らませ、タブレットで検索した画像を見ながら、チケット売り場やポップコーン屋さんなど、映画館の中の施設を廃材で製作。肝心の映画は、「アートポン！」という、自分の描いた絵を自由に動かせるアプリを使って作ることになりました。

　映画は「空を飛ぶ」がテーマ。まずは、背景用に園の風景をタブレットで撮影。次に、一人ひとりが空を飛ばせたいキャラクターを画用紙に描き、タブレットで撮影して切り取ります。背景画像にそれぞれのキャラクターを貼り、どう動くかを設定したら完成。映画を作るワクワクを友達と共有しました。

2月中旬 ICTの活用 ③
他のクラスの子にも楽しんでもらおう

　2月の作品展で、作成した映像をスクリーンに大きく映し、本物の映画館のように上映しました。映画館遊びの流れの説明は「mobie（モビー）」というアプリで動画を作成。子どもたちの声で説明を録音し、それに合わせて写真や絵が動くように自分たちで編集しました。小さいクラスの子も楽しめるように、目で見てわかりやすく工夫して作りました。

ここから見た空がきれい！

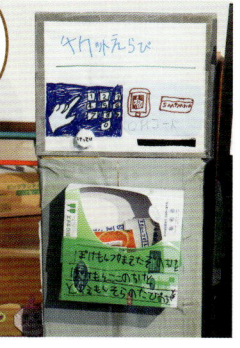

▲友達と工夫した、映画のチケット販売機。
◀空を飛ばせたいキャラクターを描きます

動画を使って、小さいクラスの子にもわかりやすく説明します。

ICTを活動に取り入れてよかったこと

映像を通して思いを伝えやすくなった

映像を使うことで、子どもたちの話し合いがスムーズになってきました。5歳児は家から持ってきた写真をモニターに映し、友達に紹介するプレゼンテーションの会があるのですが、映像があると人前でも話しやすいようで、「これはどこで撮ったんですか？」「どういう気持ちでしたか？」などの質問も出て活発なやりとりをしています。また、友達とのかかわりが苦手な子も、タブレットを使うことで自分を表現できるようになり、映画館の受付係の経験が自信となって友達とのかかわりが変わる姿もありました。

「こうしたい」を叶えるツールとして必要なものを選べるようになった

既存のアプリ、例えば録音機能などは操作に慣れていないと難しく、保育に取り入れるイメージはありませんでした。その点、保育向けのアプリは手軽に使用でき、子どもでも操作しやすいため、活動の幅が広がったと感じます。

生活のなかでICTが切っては切れないものになっている今、「便利なものであること」と「正しい使い方」を幼児期から伝えていくのは大事なことと考えます。子どもたち自身が「こうしたい」と思ったときに「なにを使えばよいか」を考えられるようになることを目指しています。

これからの　課題と展望

直接体験を大切にしながら、柔軟に使い方を考えていきたい

今後はアプリに捉われず、保育者の柔軟な発想で、よりおもしろい使い方をしていきたいと考えています。例えば、子どもの「カラオケがやりたい」という声から、保育者がタブレットとスピーカーをつないで音楽を流したところ、子どもたちがマイクや食べ物を身近な素材で作って「カラオケごっこ」が始まったことがありました。このように子どもの発案に、ICTのおもしろさをちょっとプラスすることで、活動が広がっていくとよいと思います。

幼児期の直接体験は、とても大事です。直接体験をたくさんしながら、遊びの流れのなかでICTを「ここで使えるな」と考えて、道具のように自在に使っていけたらと考えています。

mame's eye

大豆生田先生より

体験を生かしつつ調べ、新しい発想を取り入れる

この事例は、子どもたちが実際に体験したキャンプから、子どもたち自身で魚釣りごっこなどを生み出そうとするところがいいですね。釣りに必要なものを調べ、自分たちの発想になかったものを遊びに取り入れていく。花火は、アプリの使用で、より自分たちの体で表現したくなったり、その音をもっと作りたくなったりすることにつながった点が評価できます。

映画館は、アプリがなかったら表現しなかったかもしれないものが、アプリがあったことで作ることになり、楽しい経験になりました。

オンライン交流で広がる世界への興味

めぐみこども園（福井県・福井市）

お話／園長：中戸華恵　担任：小嶋紗矢香

 めぐみこども園はこんな園！

木育をはじめ「本物」に触れ、遊びを通して豊かな体験を

本園は福井市内でも歴史のある創立70年の園で、暮らしのなかに木を取り入れ、子どもの心を豊かにする「木育」を実践しています。屋内には安全な国産木材で作られた木育ルームや木製遊具、屋外には県産ヒノキのウッドテラスや、シンボルツリーのモミジをはじめ、四季の移り変わりを感じられるさまざまな植物やビオトープを取り入れています。子どもたちは常に「ホンモノ」に触れ、遊びを通して自然を"身近なもの"として感じながら、豊かな感性を育んでいきます。

木のぬくもりで落ち着ける図書館。

 保育で大切にしていること

サークルタイムで対話を重ね、互いの思いを知り、認め合う

2年ほど前から、毎日15分ほど、子どもたちとサークルタイムで一日の活動の振り返りをしています。振り返ることは、子どもどうしの遊びの共有や思いの伝達だけでなく、保育者の援助のヒントになります。

また、遊びや生活のルールなども保育者から一方的に伝えるのではなく、困ったことが出てきたときに、みんなで対話をしながら決めるようにしています。子ども主体で日々の活動を進めることで、さまざまな問題も出てきますが、対話を重ねることで、互いを尊重し認め合う心が育っていくと感じます。

「お散歩に行くらしい」という子どもどうしの会話から、「どこに行きたい？」と自然とサークルタイムが始まりました。

木の感触を存分に楽しめる遊具がそろう木育ルーム。

園の基本情報

幼保連携型認定こども園
社会福祉法人 **めぐみこども園**

園 児 182名
（0歳児：12名　1歳児：31名　2歳児：35名
　3歳児：36名　4歳児：33名　5歳児：35名）

保育者 47名　**その他職員** 6名

これまでのICT環境

グループごとの活動をICTで子どもたちと共有

　2018年頃から、グループごとの子どもたちの活動を他グループの子どもたちと共有するため、保育者がデジタルカメラで撮影し、プロジェクターで壁に映して見るなどしていました。タブレットは2020年頃に保育者用に導入し、週案・日案や、アプリを使ったドキュメンテーションの作成に使用。子ども用のタブレットは2021年頃から導入しています。2022年頃から4、5歳児の各クラスにテレビモニターを設置。サークルタイムの際に、保育者がスマートフォンで撮影したその日のグループごとの活動の様子をテレビモニターに映し、みんなでの振り返りに活用しています。

一日の保育の流れ

※子どもの姿に合わせて、
昼食・おやつ・午睡など
生活面の時間は変動

- 7:00　随時登園
- 9:00　おやつ　自由遊び
- 11:30　昼食（目安）
- 12:30　0～4歳児：午睡
　　　　5歳児：自由遊び
- 15:00　おやつ（目安）　自由遊び
- 16:00　降園・延長保育

子どもの活動に ICT を取り入れた理由

子ども主体の保育への転換をきっかけに

　2018年頃から保育者がICTを使って、子どもたちや保護者に活動の共有をしてきました。五感を通した体験を土台に、おもしろさを追求できる道具としてICTを使うことで、より活動が深まり、表現の幅が広がるようになれば、という思いで、2020年頃に子どもが使えるタブレットの導入を検討し始めました。

　園外研修を通して、他園ではどのようにICTを使っているか、なにを導入しているかを学びながら職員間で話し合いを重ね、本園では子どもたちが身近にタブレットに触れられる形で導入することにしました。タブレットは4、5歳児の各クラスに4台ずつ、使いたいときに使えるようにコーナーの一角に配置。ただ最初はもの珍しさで使い続けてしまう子もいたため、子どもたちとサークルタイムで何度も話し合いを重ね、使い方のルール（P.86参照）や使えるアプリを決めていきました。

遠くの園の友達とオンラインでつながる活動

前年度8月頃 きっかけ
さまざまな地域の踊りを踊る楽しさから

ダンスが大好きで、さまざまな地域の踊りを調べて踊っている子どもたちがいました。花笠踊りや腹踊り、阿波踊りなどをまねて楽しんでいましたが、なかでも沖縄の「エイサー」がお気に入りになり、エイサーで使う「パーランクー」という伝統楽器を段ボールとラップ芯を組み合わせて作るなど、本物への興味が広がっていきました。ちょうど運動会の時期と重なり、運動会でなにをしたいかを子どもたちと話し合ったところ、「エイサーを踊りたい!」ということに。最初は5人で踊っていたエイサーですが、プロジェクターで本場の動画を映したり、パーランクーを作ったりしながら、クラス全体で楽しむようになり、運動会で披露しました。

「ダンスの楽しさがもっと広がるといいな」という思いもありつつ、運動会でなにをしたいかは、みんなで話し合って決めました。

保育者の思い

小さいクラスの子からも「やってみたい!」と声が上がり、教えてあげることに。フェスティバルでは、園のみんなで踊りました。

前年度10月頃 ICTの活用 ①
「沖縄の子と一緒にエイサーを踊りたい!」から初めての交流会

運動会でエイサーを踊ったことと、沖縄に興味をもったことで、沖縄の子どもたちと一緒に踊りたい、という思いが強くなった子どもたち。タブレットを使ってインターネットで沖縄への行き方を調べ、沖縄には飛行機や船でしか行けないこと、行くのには3時間かかることがわかり、実際に会って踊るのは難しいと断念。でも、「おばあちゃんとテレビ電話したことがある」という子の発言をきっかけに、「テレビ電話なら一緒に踊れるかも」と園長に相談。沖縄の園を紹介してもらい、オンラインでつないで交流会を行うことになりました。交流会では、それぞれがその場でエイサーを踊り、その様子をタブレットで撮影しながらZoomの画面で互いに表示。それをモニターに映して、大きな画面で相手の踊りを見たり、聞きたいことを質問し合ったりして、初めてのオンライン交流は大成功でした。

交流会では沖縄の子が本場の衣装をかっこよく着こなしている姿を見せてもらい、より気持ちが高まったようです。

●タブレット
画面が大きく、インターネットが使用できる持ち運び可能な端末。
・インターネット検索ができる
・動画視聴やビデオ通話ができる
・撮影できる
・アプリで画像や動画を編集できる

使用したもの（KitS）は幼児向けのアプリがダウンロード済みのもの。
（アプリの説明はP.93参照）

▲タブレット

▶テレビモニター

●テレビモニター
タブレットやパソコンにつなぎ、撮影した画像や動画などを大きく映せる機材。
・大画面で見ることができる
・大勢で1つの画像や動画を共有できる

使用したものは60インチ／フルHDのもの。

〜5月頃
興味の広がり

「沖縄のこと・交流園のことを知りたい！」

交流会前に「沖縄ってどんなところ？」とタブレットで調べていた子どもたち。「こんな食べ物がおいしいんだ」「雪が降らないんだね」「沖縄はエイサー、福井はよさこいが有名なんだ」など、沖縄だけでなく、地元についても興味が広がっていきました。交流会では、お互いに聞きたいことを質問。事前に話し合って考えていた質問は「クリスマスに雪は降りますか」「どんな給食を食べていますか」「おやつはどんなものが出ますか」など、特に食べ物に興味津々。沖縄のおいしいものをいくつか教えてもらい、「食べてみたい！」とさらに関心が高まり、次の交流への期待が広がりました。

食べ物への興味から、沖縄の言葉の意味なども調べるようになり、まとめたことをクラスで共有したあと、階段に貼って他のクラスにも知らせました。

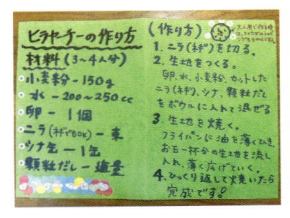

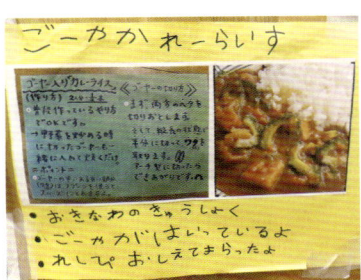

8月頃 「台風、大丈夫かな？」

ニュースを見て沖縄に大きな台風が来たことを心配した子どもたち。沖縄の子どもたちに向けてメッセージを伝える様子を動画撮影し、メールで送りました。沖縄の園の保育者から返信が送られてくるとひと安心。沖縄のことを自然にいつも気にかけている姿がありました。

台風は大丈夫でしたか？

遠く離れた地域の友達を思い合う気持ちが育ってきていてうれしく思いました。きっかけは「踊り」でしたが、「食」「気候」「友達」にも興味関心が広がっていき、保育者自身もワクワクしながらかかわっていました。

保育者の思い

9月頃 活動の広がり 「手紙を書きたい！」郵便局で手紙を出す

沖縄の友達に園のことを紹介したい、と手紙を書くことにしました。園の生き物など、紹介したいものをタブレットで撮影してまとめ、手紙を作成。プレゼント用におもちゃも手作りして、できあがった小包をみんなで郵便局に出しに行きました。お金のやりとりや郵便局で手紙を出すことも、初めての体験でした。

紹介したいものをタブレットで撮影。あいうえお表で文字を調べ、楽しみながら、がんばって書きました。

おねがいします！

沖縄の友達からも返事が届きました。オンラインで話した友達を覚えていて、見つけては喜んでいました。

10月頃 ICTの活用② オンライン交流で「ヒラヤーチー」を一緒に作ろう

モニターで遠くの友達の様子を見ながら、一緒にクッキングできる喜びにワクワクしている子どもたち。

じょうずに焼けるかな…

手紙のやりとりを通して、「次はいつ交流できるか沖縄の先生に聞いて」と、思いがますます強まった子どもたち。春に「ヒラヤーチー」という沖縄のおやつの作り方を教えてもらったこともあり、前回の交流会と同様にZoomでつないで一緒に作ることになりました。当日は沖縄の友達が作ったレシピの紹介動画を一緒に見てから、クッキングスタート。クッキングの様子を伝え合いながら、卵を割ったり食材を混ぜたりして、ホットプレートで焼いたらできあがり。食べ終わったら感想を伝え合い、互いに「楽しかった！」「おいしかった！」と大満足の様子でした。

オンラインでのクッキングがうまくいくかどうか心配もありましたが、やってみると互いに状況を共有しながら活動できるおもしろさを感じました。

保育者の思い

「今度は福井のおいしい ものを一緒に作りたい!」

沖縄のおいしいものを教えてもらったので、「今度は福井のおいしいものを一緒に作ろう」「なにがあるかな?」と話し合うことに。すると、ロールケーキ、水ようかんなどが候補に上がりました。それぞれどんな素材が必要か話し合った際、ようかんに使う「黒糖」は沖縄でとれること、沖縄のお菓子にもよく使われていることを保育者が伝えると、「沖縄の子も作れるね」と沖縄の友達に心を寄せる姿が見られました。そして作るものは水ようかんに決定しました。

保育者の思い

最初は他の地域のことを知るプロジェクトでしたが、交流を重ねるごとに自分たちの地域のことも知るきっかけとなり、地域の研究につながった学びの多い活動になりました。

始めは地元で有名なロールケーキが優勢だったものの、沖縄の子も地元の材料で作れる、ということが子どもたちの心を動かしたようです。

クリスマスプレゼントが届いた!

沖縄の友達からクリスマスプレゼントが届きました。プレゼントは手作りの「マース(塩)」という沖縄のお守り。マースには厄除けの意味があると知り、園内に飾りました。オンライン交流以外でも互いに思いながら、やりとりが続いていきました。

塩が入った
沖縄の
お守りだよ!

いっぱい
雪が
積もったよー!

交流会で雪についての質問が出たこともあり、1月には福井で雪が積もったことを動画で送り、伝えました。

水ようかんの紹介動画を作ってオンライン交流

　2回目のオンラインクッキングに向け、福井の水ようかんをわかりやすく説明するために、画像を編集できる「mobie（モビー）」というアプリを使い、水ようかんの紹介動画を作りました。

　モビーは3つの工程で子ども自身が簡単に画像を動画に編集できるアプリ。指1本の直感的な操作で動画を作れるのが特徴です。まず、①動画に使う背景を選択したら、②自分で描いたイラストや写真をタブレット上で指で囲んで切り抜いてキャラクターを作成、③キャラクターを動かしたり声を吹き込んだりしてできあがり。どうすればわかりやすく伝えられるか、友達と意見を出し合いながら作りました。

　交流当日は一緒においしい水ようかんができ、大成功！　沖縄の友達にも喜んでもらえてうれしそうな子どもたちでした。

これなら
わかりやすい
かな？

年度の最後に一緒にエイサーを踊ろう

　年度の最後の交流会で、今度はオンラインでつなぎながら同じ曲で一緒にエイサーを踊ることになりました。最初は4・5歳児中心に踊りの練習をしていましたが、次第に2・3歳児も練習に参加するようになったことで、交流会当日は3歳児も参加し、みんなで一緒にエイサーを踊りました。

交流会後のサークルタイムでは、「掛け声が一緒でうれしかった」「本当に会ってみたい」「来年も交流したい（4歳児）」など多くの声が上がりました。

《5歳児 ゆり紙より》
● 「沖縄のお友達が着ていたエイサーの衣装がカッコよかった」
● 「一緒な曲で一緒なエイサーを踊れて嬉しかった」
● 「同じエイサーでも、色々な動きが入っていた」
● 「踊っている途中の掛け声が一緒で嬉しかった」
● 「遊んでいる遊びが一緒で嬉しかった」
● 「沖縄は温かいから、マフラーは使わないと教えてもらった」
● 「交流会1年間楽しかった。今度本当に会ってみたい」
● 「交流会に向けて、〈めぐみの〉小さいクラスの子たちとも一緒に踊れて良かった」
● 「初めて沖縄交流チームに参加してみたけど、みんなかっこよかった」

3歳児も一緒に、オンライン交流のおもしろさを体験したことで、次年度にもつながる期待ももっています。

保育者の思い

ICTを活動に取り入れてよかったこと

知らない世界への興味から学びが深まる

　身の回りの世界から、日本の他の地域というより広い世界を知り、そことつながることが、ICTを活用することで可能になります。知らなかった世界への興味から、言葉や食への探究心が芽生え、調べたり活動したりするなかで、地域ともかかわり、学びが深まったと感じます。

人とのつながりを感じ、相手への思いやりが芽生える

　交流を経験したことで、「沖縄に大きな台風が来ている」「地震があった」というニュースを見た子どもたちが、「大丈夫かな」「沖縄の先生に連絡とってみて」などと気にかけるようになりました。遠く離れた場所にいてもつながりを感じ、相手を思いやる気持ちが芽生えてきていると感じます。

　また、小さい年齢の子に踊りを教えて一緒に踊ったり、郵便局で手紙を出す経験をするなど、交流活動を通して、人とのつながりが広がりました。

これからの 課題と展望

五感や身体を使った原体験とICTとの往還を

　子どもが主体となって遊びを深めていく1つの手段として、ICTが身近にあることは有効です。例えば園庭と保育室をつないで遊びの中継をするなど、柔軟に使えるようになると、戸外と室内との遊びの連続性が生まれるのではないかと思っています。

　ただ、最初からICTありきではなく、まずは子どもたちが五感を通してさまざまな体験をすることが重要と考えます。見て触れて感じた手触りや匂い、動きなど、さまざまな出会いや探究のプロセスがあったうえで、それを深め、より豊かな経験や多様な想像力が生まれるツールとしてICTを活用できるよう、模索していきます。

mame's eye

大豆生田先生より

多様な文化への興味を広げるオンライン

　オンラインを活用することで、本来つながれなかったような遠方の人や、あるいは異文化に生きている人とつながる可能性が開かれた事例です。多文化共生の意味で興味深い事例と言えます。遠方の地域への興味関心が、オンラインツールを使ったことで、沖縄の文化に興味をもち、沖縄の食べ物を作ってみたい、手紙を書きたいという、その後の実際に手を動かす活動につながっています。ICTを使うことがアナログ的なかかわりにプラスに作用し、デジタルとアナログを行き来する意義が見えてきます。

アプリの活用から生まれる新たな遊び

中央ヴィラこども園（宮崎県・宮崎市）

お話／理事長：横山和明　園長：甲斐千沙

🏠 中央ヴィラこども園はこんな園！

**安心と温もりのある環境で
チャレンジできることを大切に**

中央ヴィラこども園は、宮崎県の沿岸部に位置する認定こども園です。2021年に明るく開放感のある園舎に生まれ変わり、園庭は果実のなる木々や水遊びができる池など、四季折々の季節を感じられる自然いっぱいの環境になりました。

「Happy＋Natural、Happy＋Challenge」が法人の理念。子どもは子どもらしく自然体のまま過ごせること、目標に向かってチャレンジできることを大切にしています。保育者も既成概念にとらわれずにチャレンジし続けるという考え方が法人全体で共有されており、「まずはやってみよう」という姿勢のもとで、何事も「で

きること」として話が進みます。子どもの声に保育者が動き、一緒になってチャレンジする。子ども主体であり、職員も主体だからこそ、次々とおもしろいことが生まれていきます。

♥ 保育で大切にしていること

**子どもが選び、主体となって
「やりたいこと」ができる環境**

子ども主体の保育は、「プロジェクト教育」「自由選択教育」「アート」「外遊び散歩の充実」の4つを軸とし、やりたいことを自由に遊び込めるようになっています。その子どもたちの姿を記録したドキュメンテーションや、子どもが表現したものなどが、保育室や廊下の壁などににぎやかに掲示されています。

各部屋にあるロフトや、階段下の絵本コーナーなど、隠れ家的な空間でも遊びが生まれます。

園の基本情報

社会福祉法人 協愛福祉会
中央ヴィラこども園

園　児 137名
（0歳12名、1歳24名、2歳24名、3歳25名、
4歳26名、5歳26名）
保育者 25名　その他職員 9名

これまでのICT環境

各クラスのタブレットは写真撮影や調べ物に使用

　登降園管理や保護者に向けた配信の他、2019年くらいから各クラスに1台ずつタブレットを配置し、主に写真撮影や調べものなどに使用していました。当時はタブレットでアプリなどは使用せず、子どもが使うシーンも限定的でした。保育のなかで子どもたちがICT機器を活用し始めたのは、2022年の夏頃からです。

一日の保育の流れ

7:00	登園
8:30	自由選択保育
9:15	未満児のおやつ 活動
11:30	昼食
12:30	片付け・絵本読み聞かせ
13:00	午睡
14:45	起床・おやつ サークル活動
16:30	自由選択保育
18:00	延長保育
19:00	保育終了

子どもの活動に ICT を取り入れた理由

各学年でのICTの取り組みを廊下に掲示。保護者の理解が深まります。

アトリエの一角にタブレットが置かれています。

ICT を道具として使える子どもに育ってほしい

　ICTを保育で使う必要性は全く感じていませんでしたが、コロナ禍でタブレットやPCによるオンライン授業が小学校で導入されたのを目の当たりにし、これからの時代、幼児教育・保育でもICTは避けて通れないと強く感じました。同時に、それらの機器を道具として使いこなせる子どもに育ってほしいと考えました。

　本園ではICT機器はあくまでも数ある道具のなかの1つです。3・4・5歳児が使えるアトリエには、ハサミや絵の具の隣にタブレットが6台置いてあり、子どもたちはいつでも自由に使うことができます。そして、タブレットが特別に人気の道具かというとそんなことはなく、使われていないこともよくあります。

　ICTが道具の1つとして浸透するには、ICT機器の魅力に負けないくらい保育が充実している必要があります。法人では5つの園を運営していますが、開園間もない園ではまだ取り入れておらず、保育環境の整い具合を見計らって導入を決めていきます。

恐竜のジオラマ作りから ストップモーション動画制作へ

4月上旬 きっかけ
部屋に「恐竜コーナー」が ほしい

３歳児の頃から恐竜が好きな子が多かった、５歳児クラスの子どもたち。進級時に、どんなコーナーがほしいかをクラスで話し合った際に、「恐竜コーナーがほしい」という声が上がりました。そこで、部屋のロフト部分に恐竜の図鑑やフィギュア、芝生マットなどを置き、子どもたちがその世界に入り込める「恐竜コーナー」を作りました。

5月上旬 興味の広がり
恐竜の世界の ジオラマ作りが始まる

恐竜コーナーを作ると、そこにジオラマを作りたいという意見が出てきました。子どもたちと保育者で一緒にジオラマの材料を調べ、石や砂を集めてきて浜辺を作ったり、画用紙と絵の具で火山を作ったり。恐竜のフィギュアも置き、だんだんと恐竜の世界ができて遊びが盛り上がってきました。

5月中旬 恐竜の図鑑を作ろう

恐竜についての興味が深まり、調べる機会が増えていくと、「自分たちで図鑑を作ろう！」という活動に発展。好きな恐竜の絵を切って大きな模造紙に貼っていきます。なかには、恐竜の絵を見るだけで名前や特徴が言えるくらいよく知っている子もいて、自分たちで名前や食べるものなどを書いていきました。

7月中旬 クラス全員で博物館に行く

恐竜への興味が高まった頃に、クラス全員で宮崎県総合博物館へ。楽しみにしていた子どもたちは、「博物館に行くまでに恐竜の化石を発掘する！」と、園庭で石を掘る遊びも盛り上がっていました。そして、見つけた石を博物館に持って行き、展示されている化石とくらべてみたり、恐竜の骨格標本から大きさを体感するなど、さまざまな展示からそれぞれの興味を深めた体験でした。

恐竜コーナーはロフトにあり、生活空間と少し分かれた環境なので子どもが集まらない時期もありました。遊びが停滞していると感じたときに、ジオラマを廊下に移動させたところ、遊ぶ子どもが増えて次の活動へと続いていきました。

保育者の思い

●アプリ：KOMA KOMA（コマコマ）
子どもでも扱いやすく、シンプルなボタンで操作できるコマ撮りアニメーション制作アプリ。1コマずつ999コマまで撮影が可能。

●アプリ：Viva Video（ビバビデオ）
動画のカット編集や、音楽・テロップの追加などの基本的な編集機能が備わった動画編集アプリ。直感的に操作ができるので子どもでも扱いやすい。

9月中旬
ICTの活用

ストップモーション機能で恐竜の動画を撮影

　ジオラマができて活動が落ち着いたときに、保育者が恐竜の動画撮影を提案。興味をもった2人を中心に撮影がスタートしました。「KOMA KOMA」というアニメーション制作アプリを使って、最初は保育者も一緒に、ストップモーションに挑戦。ジオラマの中にフィギュアを置いてタブレットで1コマ撮影し、次にそのフィギュアを少し動かしてまた1コマ撮影します。次第に子どもたち自身で試行錯誤しながらこつをつかみ、動きを考えながらフィギュアを少しずつ動かす人、人が写り込まないタイミングで撮影ボタンを押す人など、役割を決めて撮影していきました。ストップモーションは、数秒の動画でもたくさんの写真が必要です。最初は戦うシーンだけだったものが、恐竜が移動するようになり、ストーリーができていきました。

遊びの記録を、写真だけではなく、動画でも残しておきたいという思いがありました。職員間でストップモーション動画が話題になったので、子どもたちに提案してみました。

保育者の思い

動画をみんなに見てもらおう

　作った動画は誰でも見られるように、廊下にタブレットを置いておくことにしました。保護者や他のクラスの子どもたちもたくさん見に来てくれ、動画制作の中心だった2人は、見てもらうのはうれしいけれど、子どもたちが間違ってデータを削除するボタンを押してしまわないか心配でたまらない様子。ずっとタブレットの横にいて、扱い方をチェックしていました。

10月中旬
行事で発表

発表会で動画を上映！

　本園の発表会「できるもんフェス」は、そのとき関心があること、それまでに興味をもってできるようになったことを見てもらう場です。恐竜コーナーでよく遊んでいた子どもたちは、恐竜の「絵」「化石」「ものまね」「映像」の4つのチームに分かれて発表しました。

　映像チームは動画作りの中心になっていた2人です。発表会で上映するために改めて恐竜の絵本を題材にした動画を撮影しました。そのときの撮影は保育者も手伝い、1日で200枚以上を撮影して作成。「KOMA KOMA」では音声が入れられないので、「Viva Video」という動画編集アプリを使い、保育者も手伝ってせりふ入りの動画が完成しました。たくさんの人から称賛の声をかけられて、達成感を感じていたようです。

アプリを使ってリアリティを追求するパン屋さんごっこ

どんぐりパン
50円です！

きっかけ（11月上旬）
粘土遊びから パン屋さんごっこに

　ガソリンスタンドに見学に行ったことをきっかけに、クラスでごっこ遊びをする子が増えていた時期でした。粘土遊びでパンを作っている子がいたので、売り場を作ったらお店屋さんごっこに発展するかと考えた保育者が、のれんを掛けられる場所に長椅子を置いてみたところ、パンを売る人と買う人に分かれて遊びが始まりました。

保育者の思い
のれんや長椅子がなくてもごっこ遊びはできますが、子どもたちが興味をもつきっかけになればと、環境を設定してみました。

興味の広がり
いろいろな材料で パンを作ってお店に並べる

　粘土だけでなく、廃材や古紙でパンを作ったり、それを車で配達する子が出てきたりと自由に遊びだした子どもたち。他のクラスの子や低年齢児もパンを買いに来てくれるようになり、散歩で拾ったどんぐりと紙粘土で、どんぐりパンなども作っていました。

季節柄、散歩中にどんぐり拾いがはやっていました。パン屋さんごっこが始まる前に、紙粘土で「どんぐりケーキ」作りを体験していた子が多かったことから、自然に「どんぐりパン」作りにつながっていきました。

保育者の思い

ICTの活用①（11月上旬）
アプリを使って メニューを作成

　パンの絵本を読んでいた子どもたちが、紙にパンの絵を切って貼り、簡単なメニューを作っていました。それを見ていた保育者が、写真に絵や音を入れられる「おとえ」というアプリを使えば、音声入りのメニューが作れるのではないかと思いつき、子どもたちと一緒に作成することに。どんぐりパンを保育者がタブレットで撮影してアプリに取り込み、そこにパンの名前と値段を子どもたちが声で録音します。ほしいパンの画像を押すと「どんぐりパン、50円です！」など、値段を教えてくれるデジタルメニューが完成しました。

ほしいパンを押してください

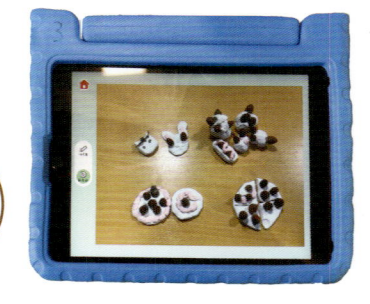

この活動で使用した ICT 機器

●アプリ：おとえ
撮影した写真に録音した音を合わせることができる。写真をタップすると、音も再生できる。

●アプリ：PicCollage（ピコラージュ）
写真や動画の編集・コラージュなどができる画像加工用アプリ。切り抜きや合成など機能が豊富で自由度が高い。

ICTの活用②

パン屋さんには「バーコード決済」！

パン屋さんごっこをしていると、子どもから「ママはパン屋さんでペイペイ使ってる」という声が上がりました。そこで、「おとえ」を使って、タブレットの画面に表示された〈二次元コード〉を押すと、子どもたちの声で「ペイペイ！」の音声が流れるようにしました。店員さん役の子は、買い物に来たお客さんに二次元コードを押してくださいと声をかけ、なかには、おもちゃのスマートフォンをかざして「ピッ」と言ってくれる保育者も。「おとえペイペイ」は大人気で、他のクラスの子もたくさん買いに来るようになりました。

二次元コードで保護者がどこでも閲覧できる

「おとえ」を使った活動を保護者にも知っていただくために、子どもたちが使っているメニューや「おとえペイペイ」を見ることができる二次元コードを保育者が作成して、保護者におたよりで配信しました。保護者と話すきっかけにもなり、祖父母送迎が主のため園に来る機会が少ない保護者からも好評でした。

読み込むと
ペイペイふうの
画面が現れる

パン屋さんごっこのドキュメンテーションの一部です。二次元コードを読み込むと、「おとえ」で作ったメニュー画面を見ることができます。

ありがとう
ございました

ペイペイ！

パン屋さんごっこの道具はタブレットもセットです。子どもたちがアトリエから持ってきて、ペイペイの画面を開いて準備をします。

他園の事例で、「おとえ」で「ペイペイ」を作ってごっこ遊びをしている様子を見ていたので取り入れてみました。おもちゃのお金も用意していましたが、バーコード決済の方が子どもたちには、日常の買い物風景に近かったようです。

保育者の思い

11月中旬
地域との連携

近所のパン屋さんに見学に行く

パン屋さんごっこが盛り上がってきた頃に、近所のパン屋さんに見学をお願いしました。お店の外観や店内を見ることで、遊びに生かせたらという思いでしたが、お店のご厚意で、パンの作り方を教えていただき、パンの生地に触ったりする体験もできました。粘土や紙粘土でパンを作ってきた子どもたちは、「本物のパンを作ってみたい」という思いが強くなりました。

「本物のパン」を作る

パン屋さん見学とパン作りは、クラス全体の活動として行いました。クラスには手が汚れるのが苦手な子がおり、粘土でのパン作りは参加していなかったのですが、クッキングには初めて自ら「やってみたい」とチャレンジし、作ることができました。これまで、配達員としてパン屋さんごっこに参加していたことや、実際にパン屋さんに行ったこともきっかけになったようです。できたパンはみんなで食べ、販売用として給食室でラッピングしてもらって、職員に売りに行くことにしました。

パンを売ったお金で
バスに乗って遠足に行きたい！

パン作りの前に、「パン屋さんごっこと、本物のパンを売ったお金をなにに使いたい？」という話をしていました。そこで、「バスに乗ってどこかに行きたい」「公園でお菓子を食べたい」という意見が出ていたので、貯まったお金で「バスチケット」を買い、園バスに乗って公園に行ってお菓子を食べるイベントを計画しました。

遠足に行くためには、パンを売ったお金が必要なので、販売にも力が入ります。事前に職員にパン用のお金を渡しておき、宅配をして販売します。ごっこ遊びでも店員としてパンを売るのが大好きだった子どもたちは、パンが売れることをとても喜んでいました。「こんなに少なくなったよ！」「全部売り切れたよ！」と大きな声が聞こえてきました。

1個50円になります！

12月上旬 園バスに乗って遠足へ

代表の子どもが貯まったお金を持って事務所へ行き、事前に用意しておいた「バスチケット」を購入。大好きなお菓子もいっぱい用意して、いよいよ遠足に行くことになりました。子どもたちのリクエストで決まった行先は園からバスで30分ほどかかる、普段の保育では行かない大きな公園です。自分たちで稼いだお金で行く遠足は、笑顔がいっぱいの特別な一日となりました。

チケットを買ったときに「みんなが食べているもの、着ているものは、おうちの人がお仕事をしてもらったお金で買っているんだよ」という話をしました。パン屋さんごっこが始まって1か月半。さまざまな「やってみたい！」がつながって、社会のしくみを感じることができる楽しい体験ができました。

保育者の思い

クッキング前の話し合いでは、あえて「バスチケットを買うにはもしかしたらまだお金が少し足りないかもしれない」と話していました。それで「パンを売り切ろう」という思いが強くなったのかもしれません。

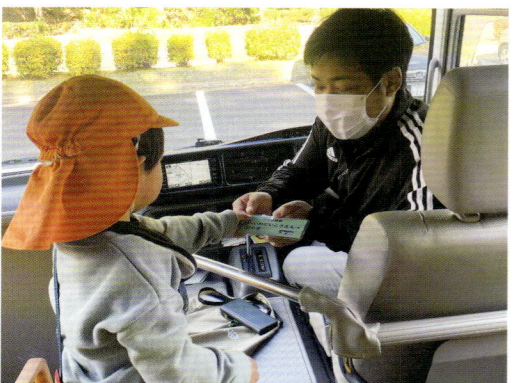
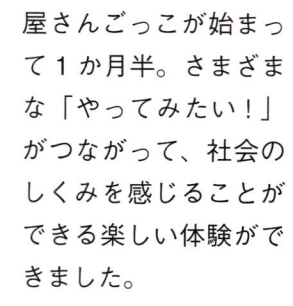

ICTを活動に取り入れてよかったこと

今までにないアイデアが生まれ、「保育の広がり」を実感

　子どもたちが主体的にかかわれるように、保育環境は常に変わっていくことが大事だと考えています。ICTの導入は、他の道具や教材と同様、新しい「遊ぶもの」が増えたという感覚です。そのなかでも、ICTについて特によいと感じるのは、いろいろな使い方ができることと、「遊び方」の幅が広がることです。できることが増えたことで、動画作りやアプリによるメニュー作りなど、新しいアイデアがどんどん出てくるようになり、今までにない保育の広がりを感じています。

子ども・保育者・保護者がつながるツールとして役立つ

　子どもの活動のドキュメンテーションがアプリで読めたり、子どもたちが作ったものを二次元コードで見られるようにしたことで、各クラスでどんな遊びやプロジェクトが行われているのかを保育者と保護者で共有できるようになりました。情報が共有されることで、保護者の理解や協力も得やすくなり、また他の保育者からアイデアをもらったり、異年齢間の連携が新たな活動になったりすることもあります。ICTは、子ども・保育者・保護者がつながるツールとして、なくてはならないものとなっています。

これからの　課題と展望

ICTが道具として定着すると、子どもの声から生まれる活動はもっと広がる

　今回紹介した事例以外にも、3年くらい続いている「ゴミ拾い」プロジェクトでは、街に貼るポスターをアプリで作ったり、お店屋さんごっこに人が来ないならCM動画を作ろうという発想が出たりと、ICTが道具として身近にあるからこそ生まれた活動が増えてきました。その前提として徹底しているのは、「子どもの声を聴く」ことです。「ICTを使うため」に保育者が動くことはありません。子どもたちの声を拾い、その先を推測して「こういうこともできるね」と子どもがやりたいことを保育者も一緒に楽しむサイクルによって、遊びが発展していきます。今後、ICTを使いこなす子が増えると、さらにおもしろい活動が生まれるのではと思っています。

mame's eye

大豆生田先生より

「好き」「おもしろい」を保障しながら世界を広げる

　恐竜の事例は、1つのことを好きな子の興味が保障され、その世界を広げる手段として動画が活用されています。どのように表現するかという試行錯誤だけでなく、他者に伝え、他者から評価を受ける経験にもつながっています。

　パンの事例のバーコード決済のような、日常にあるデジタルツールを、遊びのなかでデジタルで作るのもおもしろいです。この事例の大事な点は、子どもたちがICTを活用して、ごっこ遊びや本物のパン作りなど、現実の世界で活動を広げ、保護者と共有できていることです。

デジタルとアナログで探究するプロジェクト活動

伊佐中央幼稚園（山口県・美祢市）

お話／園長：作本照子　副園長：作本那由多　担任：山本彩佳

 伊佐中央幼稚園はこんな園！

豊かな自然環境・保育環境のなかで地域と一体となり子育てを支える

　本園は、カルスト台地である秋吉台やその地下に広がる鍾乳洞（秋芳洞）など、日本有数の雄大な自然環境に恵まれた美祢市に、1954年に創立しました。子どもたちが「その子らしく」過ごせることを第一に、感性を刺激する保育環境を意識して建てられた園舎は、自然素材を使用し、部屋ごとに床の色やデザインが異なる保育室に、アート活動や探究ができる広々としたアトリエ・サイエンスルームも備えています。

　子どもたちの姿を通して、保護者との連携、地域への情報発信や近隣の小学校との定期研修を重ねており、地域が一体となった子育てを目指しています。

日々の保育でコーナー遊びの1つとしてアート活動をしたり、2か月に1度、広島から造形の講師を招いてクラス全体のアート活動の日を設けたりしています。

保育で大切にしていること

「その子らしさ」を大切に子どもの姿から保育を考えていく

　「その子らしさを大切に」という理念のもと、子どもたちの興味関心から活動が始まること、そして大人も子どもとともに学び合い、育ち合うことを大切にしています。毎日の保育は、「やってみたい」「なんでだろう」など、子どもたちの自発的な問いから始まるテーマ活動（プロジェクト活動）が中心です。以前は組体操やマーチングなど、行事に向けた一斉活動を行っていた時期もありましたが、今は大人は一歩引いて、本当に子どもがやりたいことかを見極めながら、子どもたちとの対話を通して一つひとつの活動に取り組んでいます。

▶園全体で3万個の積み木があり、各部屋に積み木コーナーが常設されています。これは秋芳洞の黄金柱を作っているところ。

▼各クラスにはその時期に進行している複数のプロジェクトのコーナーがあり、壁には子どもたちの製作物や活動の記録が掲示されます。

園の基本情報

学校法人西宝寺学園
認定こども園 **伊佐中央幼稚園**

園　児 81名
（0歳児8名、1歳児8名、2歳児11名、
3歳児11名、4歳児23名、5歳児20名）

保育者 16名　**保育補助** 4名　**その他職員** 8名

これまでのICT環境

こども園に移行する際に事務作業をICT化

　2015年頃、幼稚園からこども園に移行するタイミングで業務負担を軽減するためにPCを導入しました。2018年に子どもたちの活動の道具としてICTを取り入れ、現在、タブレットは各部屋に2台以上設置し、プロジェクター、マイクロスコープなども日常的に使用しています。また、保護者へのドキュメンテーションの配信、登降園管理および保育記録など、事務的な作業はほぼデジタルに移行しています。

一日の保育の流れ

（0·1·2歳児）

7:30	順次登園　自由遊び
9:30	おやつ
10:00	朝の会　クラス活動
11:00	昼食
12:00	午睡
14:30	起床　おやつ
15:00	順次降園　預かり保育
18:30	閉園

（3·4·5歳児）

7:30	順次登園　自由遊び　クラス活動　サークルタイム
11:30	昼食
13:00	自由遊び
14:30	サークルタイム
15:00	順次降園　預かり保育
18:30	閉園

子どもの活動に ICT を取り入れた理由

▲国会議事堂に美祢市の石が使われていると知り、興味をもった子どもたちがパソコンやタブレットを使って国会について調べました。石の実験でも、みんなで相談しながらタブレットを幅広く活用しています。

子どもが主体的に使う姿を見て、目指す保育ができると実感

　2018年、ある研修会に参加した際に、子どもが活用できるICT教材を知り、後日、子どもが持ち運べるタブレットに搭載された、「アートポン」という描いた絵が動くアプリを、保護者と子どもで一緒に体験しました。

　このとき、子どもたちの興味はアプリを操作するだけで終わりではなく、作成した動く絵についても、自分なりの思いをそれぞれの子どもが語ってくれました。当初は、保育者・保護者ともにタブレットを保育に取り入れることに抵抗を感じる部分もありましたが、この様子なら機器を使うことが目的にならず、子どもたちが主体的に使えるのではないか、私たちが目指す保育の方向性に合ったものにできるのではないかと感じ、取り入れてみることにしました。

ICT 活用で探究が広がる 石プロジェクトの一年

前年度 きっかけ 園庭で「宝石探し」

> このへんに 宝石が 埋まってるかも

4歳児の登園時、保護者と離れるときに泣いてしまうことが多かったAくん。彼の好きなことはなんだろうと保育者間で話をしていました。園庭でAくんが小さい石を集めていることに気づいて一緒に石探しをするようになると、他の子もだんだん石探しに参加し始めました。子どもたちが小さくてキラキラした小石をみつけ、「園庭には宝石が埋まってる！」と石探しが宝石探しへ。保育室に宝石図鑑などを置いた宝石コーナーを作ると、エメラルドやガーネットなどの鉱物に興味が広がっていきました。

4月下旬 ICTの活用① マイクロスコープで石を観察する

5歳児クラスでも、園庭で見つけた石の形などを楽しみ、石への興味が続きます。美祢市（みね）は地質的に石灰岩が多く採れ、化石も発掘されるなど、さまざまな種類の石が身近にある地域です。「石には名前がある」と知った子どもたちは、見つけた石を図鑑で探したり、マイクロスコープで拡大して観察し、図鑑と見くらべたりと、クラス全体が石となかよくなっていきました。

> かこうがん？ わからんね〜

> おもしろい石 もってきたよ〜

マイクロスコープや図鑑を見ながら
石会議が始まります。

> これなんの 石かな？ ざらざら しちょるね

最終的には、自分たちが住んでいる町ではこんな石が採れるという、地域への関心や愛着につながってほしい、ということをねらいにしていました。

保育者の思い

この活動で使用した **ICT** 機器

● **タブレット**（P.57参照）
普段の活動や園外に行く際には、保育者はタブレットを必ず持ち歩く。写真や動画を撮影するだけでなく、ドキュメンテーションもタブレットで作成する。子どもたち自身もPicCollage（ピコラージュ・P.67参照）などを使って複数の写真を編集することもある。

● **マイクロスコープ**（P.45参照）
園では手持ちと固定の両方で使用できるもの、倍率が異なるもの（10～200倍／50～1,000倍）など、数種類のマイクロスコープを使用している。

● **タイムラプス**（カメラ機能）（P.45参照）

お気に入りの石を撮影して図鑑作り

マイクロスコープで石を観察することで「キラキラしている」「色が違う」など石の特徴に気づいた子どもたち。自分で撮影した石の写真をプリントし、オリジナルの図鑑を作り始めた子どもがいました。自分で拡大率を決めて印刷し、切って、貼って、コラージュして説明を入れた図鑑は、お気に入りの石でいっぱいです。

> この石が
> お気に入り
> なんよ

> 石の表面の拡大写真を撮ったり印刷したりすることは、タブレットやスマートフォンで手軽にできるので、子どもたち自身が行います。便利な道具や機能は積極的に活用するようにしています。

保育者の思い

石のアート活動❶　ロウで宝石作り

自分たちで宝石を作りたいという声から、造形の講師によるアート活動で、宝石作りをしました。拾った石を石こうに埋めて型をとり、色とりどりのロウを流し込んで作ります。

> ぼくは
> ガーネットを
> 作った！

> 上が
> エメラルドで、
> 下が
> ダイヤモンド

博物館の鉱物展でたくさんの発見を

石への学びを深めるため、「鉱物展」が開催されていた山口県立博物館へ行きました。子どもたちは、「ガーネットが見てみたい」「オレンジ色の石が見たい」など、それぞれが目的をもち、本で見たことのある石やこれから調べたい石を見つけて楽しんでいました。

子どもたちが特に驚いていたのは、美祢市で採れた石がたくさん展示されていたことです。園に戻って子どもたちが撮影した写真を見ながら振り返った際には、「美祢市の石を調べたい」「石灰岩がたくさんあった」「ダイヤモンドは時間がたつと鉛筆の芯になる」などいろいろな気づきや思いを発表してくれました。

見学の最中も、「光を当てたらどうして色が変わるの?」「ダイヤモンドはどこで採れるの?」など、疑問に思ったことをどんどん質問。学芸員さんも、子どもたちの石への情熱を感じて詳しく説明してくれました。

甘夏みたい。おいしそう!

エメラルドはどこで採れるの?

石のテーマから地理・科学・数などに話題が広がることも想定し、絵本や地図などは事前に準備しておき、いつでも出せるようにしました。

興味の広がり

博物館で見た石の種類がわかるように、壁に写真を貼るなどして、子どもたちが遊びのなかで振り返りながら学べるような環境を設定しました。子どもたちから「エメラルドはブラジルで採れるんだって」と石の産地の話題が出たので、世界地図を広げて、図鑑と見くらべながら産出国にシールを貼る活動を楽しみました。ロシアやブラジルなどの場所を探したり、国の形のおもしろさに気づいたり、「じゃあ自分たちが住んでいる日本はどんな形?」などと地理的な学びに広がりました。

タブレットでも地図は調べられますが、みんなで見るには画面が小さく、シールも貼れないため、大きな世界地図を用意。実際に本のページをめくって探すなど、時間をかけて取り組んでほしいことは、意図的にアナログの素材を選んでいます。

保育者の思い

石の専門家と河原へ石拾いに

子どもたちの「大きな石を採りに行きたい!」という声から、地元にある「Mine 秋吉台ジオパーク」に相談したところ、ジオパークの方と、化石に詳しい山口大学の先生が、一緒に河原に石拾いに行ってくださることに。当日は、おもしろい形の石や気になる石を見つけては積極的に質問し、石の種類やでき方を教えてもらいました。

ICTの活用② 拾った石について調べる・まとめる

ジオパークの方と大学の先生も一緒に園に戻り、河原で拾った石を図鑑やマイクロスコープを使って観察しました。これまで特定できなかった石の名前がわかったり、3億年前の石や化石も発見したりと、石のおもしろさにみんながワクワクした1日でした。

3億年前にできた石灰岩だって！

9月下旬 地域との連携③ 石のスタンプ作りを体験！

石への興味が続いている時期に、市報に掲載されていた「石のスタンプ作り」に申し込みました。再びジオパークの方が園に来てくださり、石灰岩が酸で溶ける性質を利用して、石のスタンプ作りをすることに。酸性洗剤を使ってスタンプを作った子どもたちは、「こんなに硬いものが溶けるなんて！」と、不思議でたまらない様子です。ジオパークの方の「雨でも溶けるよ」という言葉に、子どもたちの「もっと石を溶かしたい」思いが高まります。

円柱状の石灰岩に修正ペンで絵を描き、その上から酸性洗剤をかけます。絵の部分だけは溶けないため、スタンプが作れます。

ICTの活用③ 酢でも石は溶ける？タイムラプスを使って実験！

石灰岩に雨水を当てて溶かす実験を始めたものの、一向に変化は起きません。そこで、保護者から教えてもらった「お酢でも溶ける」という情報をもとに、お酢の中に石灰岩を入れて、溶ける様子をタイムラプスで撮影することにしました。

翌日、撮影した映像を見ると、石の角が溶けていく様子が確認できます。石の重さを計ると、前日よりも2グラム軽くなっていました。では、溶けた石はどこにいってしまったのでしょうか。今度は、「溶けた石を取り出す」ために、試行錯誤を始める子どもたち。溶けた液体をスプーンですくったり、スポンジでこしたり、最終的にはお酢を蒸発させる実験を行いました。

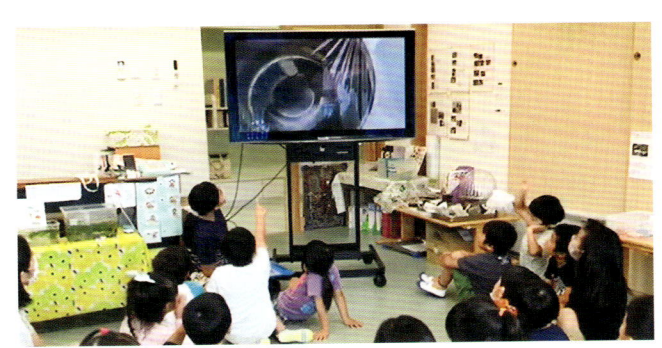

「トゲのところが小さくなっとる！」

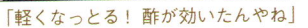

「軽くなっとる！ 酢が効いたんやね」

「溶けた石、全然罠にかからんわ」

保育者の思い

活動を始めた頃は、石が溶けるという科学的な探究まで発展するとは思っていませんでした。実験し、うまくいかなかった理由を考えてまた試す。話し合いながら、いろいろな方法を粘り強く試す子どもたちの姿がありました。

生活発表会で「石屋さん」をおひろめ

　5歳児最後の発表会では、「他のクラスの子や保護者が来てくれる石屋さんをやりたい」というのが子どもたちの希望でした。石を売りたい子、標本のように展示したい子、宝石を作りたい子、折り紙などで宝石のネックレスを作りたい子……。一人ひとりの石への愛着がさまざまな形で表現された「みんなの石屋さん」がオープンしました。

　保護者も、ドキュメンテーションなどを通してこれまでの活動を理解してくれていたので、子どもたちがそれぞれの力を発揮し、準備する姿に大感激。

　石プロジェクトは、卒園するまで続きました。石を通してさまざまな出会いや学びがあり、子どもたちのなかに自分たちが住んでいる町への愛着にもつながってくれたらと思っています。

お店のレイアウト、お客さんの動線、買い物かごの用意、集客の方法など、すべて子どもたちが決めて気持ちよく買い物ができるように準備しました。

多様な子どもを巻き込むICTの可能性

　4歳児クラスのICTの活用では、子どもたちに人気のあったさまざまな個性をもったゲームのキャラクターをきっかけに、多様性について考える活動に発展しました。キャラクターの個性から、「個性とはなにか」を園長や職員に聞きに行き、金子みすゞの詩を知ったり、ゲームの歌の歌詞について考えたりしました。また、子どもたちが多様性について考える場として、服装や肌の色などを組み合わせて遊べるコーナーを作りました。

　タブレットを使用すると、支援が必要な子どもも関心を示しやすく、この活動には多くの子が興味をもちました。発表会でも、動画でさまざまな子どもの活動を紹介できるなど、インクルーシブ保育においても、ICTの可能性は大きいと感じています。

ゲームの歌をきっかけに「個性」について調べたことや、さまざまな肌の色を選べるコーナー。

ICTを活動に取り入れてよかったこと

新しい視点や学びの方法で
子どもたちの気づきが広がる

　ICTは子どもたちにとって、これまでになかった視点や、学びの方法に気づく機会を与えてくれるものと思っています。石灰岩を酢で溶かす実験では、タイムラプスで「モノの変化」を映像によって捉えることができました。そこから、別の活動で「タイムラプスを使ったら」と子どもたちが提案することもありました。実体験から、「こんなときは、この方法（道具）が使える」と発想するようになった子もいるようです。子どもたちが、自分たちが工夫して使える道具としてICTの使い方を知っていく過程を、環境を工夫しながら見守りたいと思っています。

「今の子どもの姿」を
みんなで共有できる

　保育室には、活動中の写真をなるべく貼るようにしています。保育者や保護者の間で共有できるのはもちろんですが、子どもが自分の活動した写真を見ることによって、経験の振り返りができたり、対象物に愛着がもてるようになったりと、保育によい影響があることがわかってきました。デジタルカメラで撮影していた頃は、データをパソコンに移さないとプリントできませんでしたが、今はタブレットがプリンターとつながっているので、撮影して手軽にプリントして、すぐに掲示できることも利点です。

これからの 課題と展望

ICTは常に変化する道具。 学びにつながる
強みや課題を語り合える風土を作りたい

　ICTを導入してから、保育を広げてくれる可能性をもった道具であると実感しています。そして、ICTは使い方しだいで能動的にかかわれるものであり、学びを拡張し、実体験につなげてくれるものだと感じるようになりました。

　同時に、調べるとすぐに答えが出てくるICTは、自分で考える力を奪いかねないことや、情報が常に更新され、保育者が意図しない使い方をしてしまう怖さも感じます。子どもの安全を守り、大人が無責任に道具を渡さないためにも、今後も園内で研修を重ね、ICTを保育に取り入れる強みや課題について職員どうしが語り合える風土を作っていきたいです。

mame's eye

大豆生田先生より

ICT活用を含む多様な
経験による総合的な学び

　個々の興味や関心が生かされて、協働的なプロジェクトになっている事例です。最初に石を集める時間がしっかり保障され、そこからマイクロスコープを使って、ていねいに石を観察することで、子どもたちの興味が広がっています。そのあとの博物館などの地域の資源の活用や連携も多様です。バーチャルとリアルの往還がとてもうまく行われていると感じます。

　石から地域の資源を学んだり、科学的な探究が生まれたり、ものを作ったり。1つのテーマから総合的な学びがなされている見事な例です。

ICTと「協同性」

　ICT の活動と聞くと、子どもが 1 人でタブレットを操作したり、1 人でデジタル顕微鏡をのぞいたりする姿をイメージする方もいるかもしれません。でも ICT の活動は、実は「協同性」との親和性が高いものと言えます。

　保育の場で、子どもたちは群れのなかで遊び、友達から刺激を受けながら協同的にかかわっていきます。そのため、保育の活動で ICT を活用する場合は、特に「複数で」「他者とのかかわりのなかで」というところに重きが置かれます。

興味・関心の共有から共同化へ

　ICT は 1 人でも使えますが、保育においては、複数で行うことで展開が生まれます。例えば、1 人の子が興味をもったものを、プロジェクターを通してモニターに大きく映すことで、1 人の子の強い興味が他の子に共有され、興味・関心が共同化されていくことがあります。また、大人数で同時に見ることができるため、そこに会話が生まれ、新たな疑問や発見も共有されます。ICT は、他者と意見を伝え合うコミュニケーションツールとしても、有効と言えるでしょう。

変化していく役割

　デジタル顕微鏡のような本来 1 人で扱う機器を、複数人で一緒に見るということの意義は、「同時に見る」ことだけではありません。機器にかかわっていくうちに、初めは興味をもった子が操作し始めたものが次第に、主となって指示を出す子、機器を覗いて動かす子、そばからアイデアを出す子、傍観者、などといった役割ができていきます。そしてその役割が群れのなかで変化し、会話をしながら、次の興味へと広がっていくのです。

　ものをつかった動画制作などでも同様で、全体を見る子、機器を操作する子、対象物を動かす子、背景を調整する子など、さまざまな役割が自然に生まれ、協同的な活動が展開されます。

友達の視点を通し多面的に見る

　また、複数人で見ることで「違う角度からものを見る」ことに気づきます。一面的にしか見ていなかったものが、友達と多様な視点を共有することで、多面的に見えてきます。それによってものへの理解がより深まり、豊かになっていくのです。

　アプリを使った劇遊びの効果音づくりなどでも、それぞれの子どもが園内のいろいろなところで録音した音を持ち寄って、イメージする効果音を作りあげる過程で、自分は気づかなかった音があることに気づくなど、多面的な発見をすることもあります。

　小学校以上のデジタル教材は、ワークをしたり調べたりなど、1 人で使用することが主ですが、保育では、友達と一緒に行うことで「協同的な活動が広がる」という点がとても重要と言えます。

3章

ICTの導入＆活用で知っておきたいこと

ICTを導入する際に気をつけるポイントや、知っておきたいリスクについて、

実際的なアドバイスをまとめました。

導入でよくあるご質問にも、Q&A形式でお答えします。

ぜひ参考にしてみてください。

保育に**ICT**を取り入れる際の基本の考え方

お話／大豆生田啓友

日々の体験をベースにした取り入れ方を考える

ICT の導入を検討している園にとって、子どもたちの遊びに、どのように ICT 機器やアプリを取り入れたらよいかが悩みどころでしょう。ICT を取り入れる際に大事なのは、日々の体験がベースになっていること。子どもたちが興味のあるものに実際に触れたり、手作業で作ってみたりというプロセスのなかに ICT を取り入れることで、より深い学びのツールとして活用することができます。また、インターネットなどの情報だけで判断するのではなく、それ以外の多様な声も含めて考えていくことが大切です。

例えば、まち探検のプロジェクト活動をしているなら、子どもと一緒に活動の振り返りをする際に、写真や動画、Google マップなどを活用するのもいいですね。それらをもとにまちの地図を作る場合は、子どものいろいろな声を聞き、地図に載せていく作業になるでしょう。互いに多様な意見に耳を傾け、折り合いをつけながら作っていく過程が大切なプロジェクトになります。

また、「作ったものを残しておきたい」という子どもの思いから、子ども自らが写真の撮影者になることも、ICT を取り入れるきっかけになるでしょう。保育のなかで写真撮影をするのは当たり前の時代です。子どもたちが、遊びを記録に残しながら次の遊びにつなげたり、友達と共有したりする主体者になれることが大事です。ただ、写真を撮って保育や発信の活用も増えるのですが、あくまでもカメラを通したかかわりよりも、保育者との身体的あるいはフェイス・トゥ・フェイスのかかわりを優先したいものです。

作品作りの過程で ICT を使うことも、とても有効です。特に「お話づくり」は、語彙力や想像力などを培ううえでとても豊かな経験になります。しかも、お話に興味がない子、あるいは書くことが苦手でなかなか手を出しにくい子も、ICT を使うと手を出しやすくなるという利点もあります。ただし、初めから全てを ICT で行うのではなく、友達と協同して手を使ったり、やりとりをしたりしながらそこに ICT を取り入れていくことが大切です。

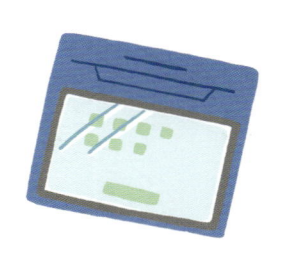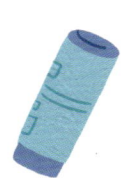

豊かな遊び環境を整える

まず大切なのは、子ども主体の豊かな遊び環境やしっかりとした原体験が、保育の基盤にあることです。ICT を活用している園では、ICT 機器が廃材コーナーなどと並んで置かれているのをよく見ます。これは、廃材などの素材が ICT というツールに負けていない、ということです。ICT 機器は、刺激が強く、使い方によっては受動的にもなり得ます。子どもが主体として ICT にかかわるためには、日頃から廃材などの多様な素材に直接触れ、自由にものづくり（アート、サイエンス、ファンタジー）を行う環境が日常的にあること、可塑性のある素材や道具があることが大事です。それがベースにあり、そして廃材コーナーなどと並べて ICT 機器を設置することで、ICT も 1 つの道具として「ここは段ボールを使おうか、それとも ICT を活用できるかな」と、子どもも保育者も一緒に考えられるようになっていく経験が重要なのです。

そして ICT 機器を使うにあたっては、大人がそれらの機器に十分親しんでいることも必要です。そのためにも、プロジェクターやデジタル顕微鏡など、子どもや保育者が扱いやすい機器を選定することもポイントになります。

保育者間で共通理解を図り、タイミングを見極める

ICT 機器は、便利であるがゆえに、そのデメリットについても踏まえる必要があります。タブレットの使用で、なんでもすぐに「検索すればいい」とならないよう、またアプリを使うこと自体が目的にならないように、自園の保育スタイルに合わせた取り入れ方を保育者間で共通理解し、ICT 機器を出すタイミングを見極めることが大切です。

その際、活動の記録と計画を兼ねて「ウェブマップ（マインドマップ）」を書いてみることも有効で

す。ウェブマップとは、予定されたものを下ろしていく計画ではなく、今子どもたちが興味のある事柄を中央に置き、それがどのように広がる可能性があるかを線でつなげて書いていく記録であり計画です。これによって子どもの姿や保育者の援助を予想しやすくなり、ICT をどのように取り入れるとよいかを考えるヒントにもなります。

すでに導入している ICT 機器を保育で活用する

プロジェクターやスクリーンのように、すでに園にある ICT 機器を活用することから始めるのもよい方法です。大勢が一緒に見られる機器を通して、クラスで興味関心を共有し、協働的な学びにつながる可能性が期待できます。

プロジェクターは、今までは子どもが使う道具ではありませんでしたが、私はかねてより、「プロジェクターとスクリーンをもっと保育で活用したらいいのに」と思っていました。身近にある道具を別の視点で捉え、子どもが使ってみることで、大人とは違うおもしろい発想が生まれることがあります。柔軟な発想で ICT 機器を意識してみるとよいでしょう。

こんなときどうする？ ICTの導入&活用 Q&A

Q1 ICTを導入したいと思っています。まずなにから始めたらよいでしょうか？

大豆生田先生

A 豊かな遊びのための環境づくりと扱いやすい機器の選定を

まずは、子どもが主体となって豊かに遊びを展開できる環境づくりが重要です。子どもたちが実際に手を動かして自由に作ることのできるさまざまな素材や道具があれば、それと同じツールの1つとしてICT機器を活用していくようになるでしょう。

実際に機器を導入する際は、子どもや保育者が扱いやすいデジタルカメラやデジタル顕微鏡から取り入れるのも一案です。そして、保育者自身がICT機器を使用し、十分に親しんだうえで、子どもの遊びにどう活用できるかを考えてみましょう。

私の園ではこうしています

●まずは、子どもたちの遊びを見たり、やりたいことを感じたりして、「ここからこの子どもたちにこうなってほしい」という願いを保育者どうしで考えます。そして、「もっと探究できるといいのでは」「もっとおもしろさを感じてほしい」「みんなで共有できるといいのでは」などから、そのためにはどのような材料や道具が必要か、考えを出し合います。その際「ICT機器」が必要であれば、導入します。その前提として、次の点が重要だと考えています。

・どのようなICT機器があるか情報を集めておく
・そのICT機器を使うことで、どのようなことが起こるか想像してみる
・「出しどき」のタイミングを考えて出す
・子どもの必要感と違えば、引っ込める
・使い方は子どもが見いだしていく
・保育者もおもしろがる

（お茶の水女子大学附属幼稚園）

Q2 ICTに苦手意識のある保育者がいます。どのように進めればよいですか？

大豆生田先生

A まずは扱いやすい機器を教材研究で使ってみましょう

ICT機器の操作が不安であれば、プロジェクターやスクリーンのように、園にすでにあるICT機器の活用や、デジタル顕微鏡のように子どもや保育者が扱いやすい機器を選ぶことで、苦手意識をもっている保育者も気負わずに始めやすくなります。

また、保育では本来、五感を使うこと・体を使うことが大事である、という観点からすると、「ICTって使う必要はあるの？」と思う保育者がいるのも自然なことです。ただ実際に使ってみると、「おもしろいな」「自分たちが大事にしてきたことを豊かにする面もあるな」と感じるのではないでしょうか。

まずは教材研究として保育者が使ってみて、どういうツールとしての可能性があるか、どういうときにどう使うと効果的か、などの意見を出し合ってみるとよいでしょう。

私の園ではこうしています

● 園内で月1回、ICTをテーマにした研修を行い、保育で活用できるアプリの紹介や、ICTを保育で使ううえでの課題を話し合ったりしています。経験年数の浅い保育者や、研修に参加できない職員への伝え方には、まだ課題があります。
（伊佐中央幼稚園）

● アプリ提供会社主催の研修や見学会に参加しています。さまざまな園でのアプリの使い方事例や導入の仕方などを見て、参考にしています。
（きたかしわ幼稚園）

Q3 ICT機器に興味を示さない子を どう巻き込めばよいでしょうか?

大豆生田先生

A 他に興味があれば ICT に興味を示さなくても OK ICT を使うことが目的ではありません

基本は子どもの目の前のことへの興味・関心が、どれだけ豊かにあるかです。子どもが主体的に環境にかかわり、そこから遊びを生み出していく、そのなかの道具として ICT ツールがあるのです。例えば、ハサミは「切りたいから使う」ものですね。ICT も同様です。「デジタル教材を子どもたちに見せる」ことが活動のベースになってしまうなど、大人が考える範疇（はんちゅう）で全てが行われると、子どもにワクワクが起こりにくくなります。

ICT の活用自体が目的ではないので、子ども主体の直接体験の機会があり、想像したり、自ら考えたりする楽しさがあれば、それを大事にしましょう。

Q4 子どもたちがICT機器を使うことに対して、 保護者にどのように理解を求めればよいですか?

大豆生田先生

A 有効に活用されている 実践の様子を伝えてみましょう

小学校では、コロナ禍で1年生からタブレットが導入されましたが、保護者は必ずしもネガティブに捉えてはいません。ネガティブに思われるのは、宿題のプリントを見るためだけに使っているなど、タブレットがちゃんと使われていない場合が多いようです。タブレットでゲームや動画ばかりを見ているのではないか、と思っている保護者もいます。

本来 ICT は有効な道具であるはずです。保育でも、単に「タブレットを使って活動した」ではなく、「ここからこんな豊かなことが生まれている」という実践の様子を保護者に伝えれば、理解が得られるのではないでしょうか。

私の園ではこうしています

●入園予定の保護者にビデオや写真で、ICT がどう使われているのかを見てもらい、使う際の約束事や、「〈ICT を使って自らも新しい価値を発信できる〉という能動的な体験を積み重ねてほしい」という、園が ICT を保育環境として置くねらいを最初に伝えています。入園後は、参観日などに親子で ICT の活動を体験してもらうこともあります。子どもたちの活動の過程で出合う道具の1つとして ICT があることを実際に見てもらうことは、なにより ICT 利用を理解してもらう一助になると思います。

（伊佐中央幼稚園）

Q5 ICT活用のためのスキルや、 共通認識をもつための園内研修はどのようにしたらよいでしょうか?

大豆生田先生

A まずは保育者どうしがざっくばらんに意見を出し合えるように

「ICT を保育のなかで使う」ということ自体が新しいテーマなので、実践を園のなかで共有していくことが、一番の研修になるのではないでしょうか。園のなかで、「どういう時に」「どういうものを」活用することが、実際の子どもたちの豊かな遊びや学びに「どうつながって」いったのかを、ケースとして話してみましょう。

その際、「あそこで出さない方がよかったんじゃない」という問いかけも含め、保育者どうしがざっくばらんに話し合えることが大事です。例えば、子どもが生き物に親しむときに、すぐに道具を使ったり、図鑑を出したりしない方が、むしろよりよくその生き物との時間を過ごせることがあります。このように、「どのようなツールの可能性があるか」「どういう時にどう使うと効果的か」を、保育者どうしで話し合える風土を作っていきましょう。

Q6 ICT活用で探究心が増している一方、調べただけで満足して終わってしまうことがあります。

大豆生田先生

A さまざまな人を巻き込んで試行錯誤する過程を大切に

私は保育のうえでは検索文化が落とし穴だと思っています。検索は便利ですが、そのものだけの理解で終わりがちで、更なる探究に行きにくいからです。

必要なのは、保育者が「本物を見てみよう」「実際に話を聞きに行ってみない?」などと声をかけ、体験ベースに戻すきっかけです。その際、園内で解決しようとしないで、外に出ること。それが意欲につながっていきます。4、5歳児は特にそうです。例えば、他園との交流をしたいと思ったときに、保育者がすぐに手配をする前に、どうすればつながれるか悩んでどれだけもめたかが、実は大事なのです。子どもたちだけでなく、他のクラスの保育者や保護者からのアイデアを参考にすることもあるでしょう。この、スムーズにいかないプロセスをどう大事にするか、それが ICT を豊かにしていく考え方の1つのヒントになるのかもしれません。

Q7 自由な時間にICTを使うと、子どもたちが動画ばかり見てしまうのではないかと心配です。

大豆生田先生

A 遊びが充実していれば動画視聴のみにはなりません。どのような目的で見ているかに配慮を

これは必ず問題になることですが、園によって違いが出ます。もし保育のなかでおもしろいことがなければ、子どもたちはYouTubeなどの動画ばかりを見ることになってしまうでしょう。でも、自分たちがおもしろく取り組んでいるテーマがあると、受け身の動画視聴にはなりません。

ただし、YouTubeを見ること自体が悪いのではありません。子どもによっては動画を見ることに興味をもつ子もいます。例えば好きなダンスの振り付けを覚えたい、難しい折り紙の折り方を知りたいなど、子どもの興味から「これを見たい」という目的で見るならば、YouTubeの正しい活用と言えるでしょう。目的がなく、ただ子どもが受動的に見るだけでは、子どもの遊びや創造の機会を奪ってしまうことになります。子どもがどのような目的で動画を見ているか、保育者のていねいなかかわりが必要になります。

Q8 タブレットを使う際のお約束はありますか？

大豆生田先生

A 保育者が考えをもって子どもと話し合う

もし子どもが1人でずっと使っていて友達に譲れなかったり、大切に扱えなかったりなど、保育者が考える最低限のルールが守られていないと感じたときは、どう使うかをみんなで話し合ってもいいし、使い方を制限することも悪いことではありません。保育者が大事にしたいことを伝え、「こういう使い方ができないのであれば出せない」と言うのも重要な選択肢の1つ。「子どもが主体」の保育は、同時に「保育者も主体」だということです。

**子どもたちが考えた
iPadのお約束
（コーナー遊びの場合）**

- 順番に使う
- 時間を決めて使う
- なかよくお友達と一緒に使う
- 小さい子にも使い方を優しく教えてあげる
- 大切に扱う
- 使うアプリをみんなで決める
- わからないときは大人に聞く

（めぐみこども園の例）

Q9 タブレットはどこに置くとよいでしょう？また、いつ使うのがよいでしょうか？

大豆生田先生

A 活動が豊かであれば、すぐ手に取れる場所に置いても OK

子どもが主体的に環境に働きかけることが、子どもの育ちには大事なこと。自分から自由に働きかけられる環境、つまり、すぐに取り出せて使えるところにあるとよいでしょう。

保育室にタブレットを置くことに反対する保育者も多いかと思いますが、園の遊びが豊かであれば、子どもたちはタブレットのみに集中することはなく、必要に応じて使うようになります。これがとても大事です。日常のなかに、子どもたちが本当にワクワクするようなことがあるという、保育のベースが重要になってくるのです。

使用する際は、1つのタブレットに大勢が群がると、効果的に活用できないこともあるので、少人数から始める方法もあります。ただ出せばよいというのではなく、まずは保育者がタブレットでさまざまなアプリなどを使ってみて、「いつ」「どのように」出すかをシミュレーションすることも大切です。

どう咲くか見てみたいね

私の園ではこうしています

● 「日頃の遊び」と「ICT が必要なとき」で、環境構成が異なります。

〈保育室では〉
4・5歳児のタブレットは保育室の、子どもがすぐ手にとれる場所に置いています。コーナー遊びの1つとして置く場合は、子どもが受動的にならないように、保育者とやりとりをしながら使用しています。プロジェクト活動の際には実体験に重きを置いたうえで、最後に「ここぞ」というときに使用しています。

〈廊下では〉
廊下の一角など、みんなが通る場所にデジタル顕微鏡を置き、年齢問わず自由に使えるようにしています。小さい子や保護者も巻き込まれ「対話」が弾むきっかけにもなっています。
今後も子どもたちとともに、自然に遊びが広がる豊かな環境を広げていきたいと思います。

（めぐみこども園）

Q10 保育者がアプリを教えて広がる活動は意味がありますか?

「ここ いつも通る道だ!」

「こういう地図もあるよ」

「園の周りをもっと見てみよう」

大豆生田先生

A 保育者が意図をもって提供するのもOK 子どもたちのものになっていくかを見守ることが重要

アプリが基点になって、子どもたちの興味・関心が広がることもあります。「子ども主体」は「保育者も主体」。その出発点が保育者からでもいいのです。保育者から、今この時期にこの経験をしてほしいという意図で、きっかけを提供することがあってもいいでしょう。アプリでなくても同じことですが、大人は子どもたちの知らない文化をもっているので、そういう発信もアリです。

ICT活用は、子どもが使ってみてどうだったかが大事です。アプリがあるから使う、ではなくて、「こういう時にこんなふうに使ったらいいね」という子どもとのやりとりがあるとよいと思います。例えば地図から景色が見られるストリートビューなどはまだまだ活用法があるでしょう。デジタルでありながら、実際にアナログでつながっているという関係がチャレンジングでおもしろい。地域とのつながりなど、保育の多様な可能性をもっていると言えます。

ただ問題は、その後その取り組みが子どもたちのものになっていくかどうかです。保育者がどのタイミングで出すかは、かなり考えなければいけないことですが、ICTに出合った子どもたちの声や興味から、それが子どもたちのものになるよう、どう伴走していくかも注意して見守る必要があります。ICTは刺激が強く、手応えがある分、アナログはスローペースで刺激が弱いと感じがちです。刺激が強いことばかりに慣れてしまうと、淡い刺激に手応えを感じにくくなるかもしれません。だからこそ、保育者がその自覚をもって子どもに渡しているかどうかが、とても重要になります。

大豆生田先生

A ICT を使うこと自体が目的になっていないかを
考えることが大切

ICT でもそうでなくても、子どもたちにとってその時になにが一番豊かな経験か、なにが必要な環境かを、常に問うことが大事です。例えば図鑑を出すこと1つでも、子どもが対象物に興味をもったときにすぐに出してしまうと、そのものへの興味より図鑑への関心に移ってしまうかもしれないと思ったら、意図的に出す必要はないという判断になります。タブレットも同じです。虫がおもしろくて撮影して見始めたけれど、タブレットの情報の方が刺激が強いので、タブレットを使うことが中心になってしまうこともあります。そうして、本来意図していた、子どもたちが身体的に豊かな経験をすることよりも、タブレットで検索することが目的となっていくならば、タブレットの使用をどのように制限するかも考える必要が出てくるかもしれません。

ICT を道具として使うということは、ハサミと同じように必要なときに持ち出して使うということです。ただハサミとの違いは、ICT は人がぐっとその世界に入っていけるしくみや魅力があるというところです。体験を充実させたいと思っているのに、ICT を使うこと自体が目的になってしまっていると思ったら、ICT 機器の出し方を保育者が意識して考えてみる必要があるでしょう。

3 章
ICTの導入&活用で知っておきたいこと

私の園ではこうしています

● 「ICT」と「それ以外の遊び」とは考えておらず、ICT は幼児の遊びがより豊かになるための1つの手段、方法と考えています。例えば、
・自分の姿や動き、集団としての動き、こまや紙飛行機の動きなどを、別の視点から客観的に見る
・高いところにあって見えない花、小さな虫の顔やおなかなど、肉眼で見えにくいものを見る
・おもしろかった場面、困ったところ、発見、気づきなどを、静止画や動画で共有する
・明日へのつながりとなるよう記録し、その時おもしろかったことなどを皆で共有する
・お話・出し物の雰囲気づくりとして、映像や音楽を使用する
などです。
「子どもたちの表現の工夫につながればいいな」という願いから、必要があると感じたら取り入れるよう、保育者どうしで話し合い検討しています。

(三重大学教育学部附属幼稚園)

保育で活用できる**ICT**機器

保育の活動で活用できる ICT 機器には、デジタルカメラやプロジェクターなど保育者にとって身近なものから、子どもが使えるアプリを搭載したタブレットまで、さまざまなものがあります。園のねらいや状況に合わせて活用できる機器の一例を取り上げ、その機能や特徴、選ぶ際のポイントを紹介します。

情報提供／株式会社スマートエデュケーション　KitS事業部

撮影

デジタルカメラ

持ち運びがしやすく、子どもたちが持ち歩いて撮影することで、子どもの視点や興味の方向性などを可視化できる。

選ぶ際のポイント
- 壊れにくく衝撃に強い素材のもの。
- 防水機能があるもの。
- 機能が少なくシンプルなもの。

※スマートフォンなどのカメラ機能を使ってもよい。

撮影

書画カメラ

手元の書類や物体を大きく映すのに適したカメラ。真上から撮影でき、焦点が合わせやすい。モニターやプロジェクターにつないで使用する。

選ぶ際のポイント
- 解像度：800 万画素程度の高解像度のもの。
- オートフォーカス。
- 明るさ、コントラストの自動調整機能があり、照明付きであれば、拡大しても影にならずに撮影できる。

（→事例参照：P.28 〜三重大学教育学部附属幼稚園）

拡大・撮影

デジタル顕微鏡／マイクロスコープ

高性能なレンズで、肉眼では見えない細部まで鮮明に拡大できる。撮影してデータを保存したり、モニターに表示して複数人で同時に見ることができる。PC やタブレットにつなぎ、画像として保存したり、本体や SD カードに保存できる機種もある。

選ぶ際のポイント
- 高解像度・高倍率のもの（解像度：200 万画素／倍率：50 〜 1000 倍程度）。
- ワイヤレス接続可能なものであれば観察場所を選ばず使用できる。
- 付属のソフトウェアなどが園の PC やタブレットと互換性があるもの。
- 高性能であるほど高価になるが、観察目的なら安価なものでも十分な性能のものがある。

（→事例参照：P.22 〜お茶の水女子大学附属幼稚園）

投影

モニター・電子黒板

大きな画面に映像を投影し、大人数で見ることができる。発色がよく、部屋の明るさを選ばないので、周辺の環境に左右されにくい。

映像投影の他、ホワイトボード機能や電子掲示板機能のついた電子黒板もある。

- モニターは 30 インチ以上のものが見やすい。
- どの角度でも画面が見えるよう、視野角の大きいもの（視野角が小さいと、斜めから見たときに画面が白く見える）。

投影

プロジェクター

ICT 活用の最初の一歩としておすすめのツール。対象物を大きく投影できるため、大人数で見られ、また詳細に観察できる。立体物にも映像を投影でき、大きな壁面などに投影することで、没入感を感じられる。

- 明るい室内でも映像を鮮明に映し出せる、ルーメン数（lm：明るさを表す単位）が高いもの（1,000lm 程度）。
- 大きいサイズのものは、解像度が高く画像が鮮明。コンパクトサイズのものは、子どもが自由に持ち運べるがルーメン数は低くなる。
- ワイヤレス連携できるもの。ケーブルが不要で動きながら操作できるため、柔軟な使い方が可能。
※部屋の電気を消したり、遮光カーテンを使用するなどして、なるべく暗い環境を用意する。投影する面は、白い布や模造紙を貼った凹凸のない壁が有効。スクリーンやホワイトボードを使用する場合は、平らでマットな質感のものが見やすい。

（→事例参照：P.54 〜めぐみこども園）

印刷

プリンター

撮影したものなどを印刷して、製作の素材にも活用できる。小さなプリンターを保育室に置いておくと、すぐに印刷できて活動が広がりやすい。

- 発色がよいもの。保育室に置く場合はコンパクトで扱いやすいもの。

音再生

Bluetooth（ブルートゥース）スピーカー

タブレットなどを無線で接続できるスピーカー。持ち運びしやすく、音を使った遊びが楽しめる。

- ワット数（W：スピーカーの音の大きさの単位）が 5W 以上のもの。

撮影・録音・編集・インターネット検索

タブレット

撮影・録音などの基本機能の他、アプリをインストールすることで、画像編集・映像制作・音声編集など、多様な活動を発展させることができる。インターネットを使用して世界を広げることも可能だが、情報の保護など注意が必要。

（→安全管理面での注意点は P.94 参照）

操作が直感的でわかりやすく、持ち運びが容易なので、他者とも情報を共有しやすいなどの特徴がある。

OS の違いで、iPad（Apple 社）、Android タブレット（メーカー各社）、Windows タブレット（Microsoft 社）などがある。

- iPad：品質とセキュリティーが安定していて操作が簡単で扱いやすい。やや高価。アプリの承認プロセスが厳格なため、悪意のあるアプリの影響を受けにくい。
- Android タブレット：各メーカーから出ていて 安価なものもある。アプリの種類は豊富だが、安全性には個人での判断が必要。
- Windows タブレット：「Microsoft Office」がそのまま使え、Microsoft のアプリとの互換性が高いが、アプリの種類は少なめ。

- 子どもの道具としてなら画面サイズ 10 インチほど、容量 32 〜 64GB 程度のもの。
- 持ち歩く場面が多い場合は、より小さいサイズのモデルもおすすめ。
※リースもあり、アプリのセットアップも含まれるため、導入しやすい。

（→事例参照：P.48 〜きたかしわ幼稚園）

タブレットやスマートフォンで使えるおすすめアプリ

　ICT 機器にタブレットを導入して、活動をより発展させたい場合は、子どもが使えるアプリをインストールすることがおすすめです。アプリを選ぶ際には、下記のポイントを押さえておくとよいでしょう。

アプリを選ぶポイント
- 機能がシンプルで使いやすいもの。
- アナログの世界では体験できないような遊びができるもの。
- ゲームのように、子どもが受動的に使用するものではなく、日頃の体験がよりおもしろく豊かになりそうなもの。

● 基本的なアプリ

拡大・撮影

カメラ
各社

タブレットやスマートフォンに標準装備されており、いろいろな撮影機能や写真編集機能が搭載されている。

● タイムラプス
長時間の変化を短時間にまとめる撮影機能。一定の間隔を空けて撮影した写真をつなぎ合わせて、短時間の動画にできる。5 分の動画は約 4 秒に、30 分の動画は約 30 秒に凝縮される。

（→事例参照： P.42 〜野中こども園、
P.70 〜伊佐中央幼稚園）

● スローモーション
短い時間の変化を詳しく観察できる撮影機能。肉眼では捉えられない一瞬を記録・再生できる。

● マークアップ
撮影した写真に文字や絵を書き込める機能。手軽に写真をアレンジできる。

録音・録画・編集

ボイスメモ
Apple

音声を記録・再生できる。マイクに向かって音を入れると、音が波形で表示される。

GarageBand（ガレージバンド）
Apple

音楽制作ができる。いろいろな楽器の音色を楽しめる他、サンプル音源や録音した音声などを自由に組み合わせて音楽を作ることもできる。

iMovie（アイムービー）
Apple

写真や動画、BGM や効果音などを自由に組み合わせて動画を作れる動画編集アプリ。

アプリを使用する際に確認すべき点
- **開発会社、評価とレビュー**
  信頼できる会社が開発しているか、またよいレビューがついているかは、判断材料の 1 つとなります。
- **個人情報の取り扱い**
  各アプリの「アプリのプライバシー」（App Store）、「データセーフティー」（Google Play Store）内で、個人情報を収集していないことを確認しましょう。
- **アプリ内の広告表示**
  無料アプリの多くは広告が表示されます。事前に必ず保育者が使ってみて、子どもにふさわしくない広告が表示されないかを確認しましょう。

調べる

Google（グーグル）アプリ

Google

検索や翻訳ができる。文字入力が難しい子どもでも、マイクに向かって話すことで音声での検索が可能。Googleレンズは、調べたいものをカメラで映すと、似たものの情報や、日本語への翻訳が表示される。

Google Earth（グーグルアース）

Google

高解像度の衛星画像で、世界の都市の建物や地形を3Dで見たり、ストリートビュー機能で通りの周辺を360度見渡すことができる。

NHK for School（エヌエイチケイ フォー スクール）

NHK

NHKが放送したさまざまな学習番組を閲覧でき、質の高い映像を見られる。

● 幼児向けアプリ

幼児の使用を目的に開発されたアプリ。学習のためや、ゲームを楽しむためだけのものではなく、子どもの遊びや興味を広げるものが望ましい。

製作・表現

おっ! えかき

SMARTEDUCATION

デジタルならではの、動くペンや音が鳴るペンを使って自由にお絵描きを楽しめる。描いた軌跡も記録可能。

チョキペタ

SMARTEDUCATION

撮影した写真や描いた絵を、タブレット上で指の操作で切り取り、拡大・縮小や組み合わせてコラージュできる。

KOMAKOMA（コマコマ）

Trigger Device

シンプルな機能で手軽にコマ撮りアニメを製作できるアプリ。止まっているものを少しずつ動かして写真に撮り、連続して再生することで、動いているように表現することができる。

（→事例参照：P.62〜中央ヴィラこども園）

おとえ

SMARTEDUCATION

写真の好きな場所に音声を入れることができ、タップすると音が再生される。二次元コードの出力も可能。

（→事例参照：P.62〜中央ヴィラこども園）

mobie（モビー）

SMARTEDUCATION

自分で描いた絵や写真を画面上で動かしながら音声を吹き込み、アニメーション動画を作成できる。いろいろな映像効果も選べる。

（→事例参照：P.48〜きたかしわ幼稚園、
P.54〜めぐみこども園）

Springin'（スプリンギン）

SHIKUMI DESIGN

言葉を使わない直感的な「ビジュアルプログラミング」で、自分の描いた絵で、ゲームや動く絵本を作ることができる。

アートポン!

SMARTEDUCATION

描いた絵や写真などの平面、作品や人の姿などの立体物を読み取り、さまざまなテーマの画面の中で、自由に動かせる。

（→事例参照：P.48〜きたかしわ幼稚園）

らくがきAR（エーアール）

Whatever Co.

AR（拡張現実）機能を使ったアプリ。らくがきした絵をスキャンすると、絵が起き上がってバーチャル空間を歩き出す。

※使用機器やアプリは、仕様の変更や商品が終了となることがあります。

インターネット利用の際に気をつけたいポイント

　子どもの活動への ICT 機器の導入において、タブレットやスマートフォンなど、インターネットにアクセスできるものを導入する際には、その観点での注意が必要となります。ここでは、インターネットに接続できる機器の利用に関する注意点をまとめます。

インターネット利用に伴うリスクを知る

　園でのインターネット利用について、保育者が、まずリスクを知っておきましょう。

有害情報アクセスのリスク

ネット検索やネット広告等によって、不適切なサイトなどにアクセスする危険性があります。

プライバシー情報の流出のリスク

保育者が、保護者宛に日々の活動を発信したり、子どもの活動や行事の情報を、園のホームページや SNS などに投稿する機会もあることでしょう。園に関する情報や個人情報の流出を防ぐため、情報公開の際の注意事項を徹底しておく必要があります。

保護者対応に伴うリスク

子どものインターネット利用や情報公開について、保護者の考え方はさまざまです。園の方針が伝わっていないと、あとでトラブルになる可能性があります。

著作権侵害のリスク

情報発信の際、心地よい音楽や素敵なイラストを添えたいこともあるでしょう。それが著作権の侵害になっていないかを常に意識し、必要に応じて許諾を得る必要があります。

不適切利用（過大消費）のリスク

アプリによっては、インストール後、気づかないうちに無料お試し期間を過ぎてしまい、高額な料金を請求される場合があります。

リスク回避の対策

　リスクを避けるための対策を徹底しましょう。

有害情報アクセスへの対策

有害情報へのアクセスを制限するフィルタリング機能はありますが、完全とは言えません。子どもがインターネットで検索などを行う際は、できるだけ保育者が一緒に使いましょう。

プライバシー情報の流出への対策

● **目的に応じて端末を分ける**
　子ども専用の端末を用意し、保育者が使用する端末とは分ける。
　また保育者自身も、保育中に使用する端末と、個人で利用している端末は分ける。

● **発信相手に応じて情報公開の範囲を決める**
　日々の保育の様子を伝える保護者宛の情報と、広く一般に公開する情報を分け、一般向けの際は特に以下の点に留意する。

〈個人を特定できる情報を出さない〉
個人を特定できる情報や画像をアップしない。顔や名札にはぼかしを入れるなどの工夫を。

〈子どもの人権を尊重する〉
水遊びなどで子どもの肌を露出した写真や、おむつ替えの写真などの流出を避ける。

〈子どもが人を撮影する際にも配慮を〉

子どもたち自身が人権についての意識をもつことも大切。人や人の物を撮影する際は「写真を撮ってもいいですか？」と声をかけ、「いいよ」と言われた場合のみ撮影するなどの配慮を伝える。

保護者への対応

あらかじめ保護者に、子どものインターネット利用や情報公開について、目的や範囲、頻度などについて説明し、理解と許諾を得ましょう。情報公開の許諾が得られない場合は、該当する子どもについては情報をアップしないことを徹底します。

著作権侵害への対策

情報発信の際に使用している BGM や画像が、著作物の無断使用や著作権侵害になっていないかを確認し、必要に応じて許諾を得ましょう。

インターネット利用上の管理について

システム上で利用方法に制限をかけるなどして、管理することでリスクは軽減できます。その反面、インターネット利用の自由度は減るため、許容できるリスク・避けたいリスクを職員間で話し合いましょう。子どもの様子を見ながら、段階的に制限を減らしていくのもよいでしょう。

システム上で管理できる設定

- **フィルタリング**
  有害な情報が掲載された WEB サイトへのアクセスを防ぐ。
- **使用するアプリの制限**
  不適切なアプリのインストールを防ぐ。
- **利用時間の制限**
  端末や特定のアプリの利用時間を制限する。
- **決済手段の制限**
  決済や課金手段を制限する。

メンテナンスについて

常に快適に利用できるようにするためには、システムを最新の状態に保つことが大切です。

対策

- アプリの不具合はアップデートで修正される。（OS やアプリの自動アップデートを ON にしておくと、対象となる更新プログラムが自動的にインストールされる）
- 故障や不具合を発見した際は、保障内容を確認し、購入した店やメーカーに問い合わせる。

インターネット環境・Wi-Fiの整備について

園での ICT 利用を考える際に、目的とあわせて園のインターネット環境を見直す必要が出てきます。ICT 機器を園内のどこでも自由に使えるようにする場合は、全館に Wi-Fi を整備することも検討するとよいでしょう。

Wi-Fi 全館整備のよい点

- 保育での活用や保育者間でのコミュニケーションがスムーズに行える。

注意点

- 不正利用を防止するため、適切なセキュリティー対策が必要。
- 他人に推察されにくいパスワードの設定や、暗号化されたネットワークを使用し、パスワードは適宜変更する。
- データ通信の速度や接続の安定性も考慮する。
- パスワードを安易に部外者に教えないなどの意識の徹底を図る。

㈱スマートエデュケーション
子ども向けのデジタルツールの企画・開発から自然を取り入れた園庭づくりまで、さまざまな保育サービスを提供している会社。研修やコンサルティングなどを通して、保育における ICT 活用をサポートしている。https://smarteducation.jp

編著

大豆生田啓友 （おおまめうだ・ひろとも）

玉川大学教育学部乳幼児発達学科教授。幼児教育学・保育学・子育て支援など
を専門に、講演やテレビのコメンテーターとしても活躍。主な著書に『役立つ！活きる！
保育ドキュメンテーションの作り方』（西東社）、『子どもが中心の「共主体」の保育へ』
『子どもが対話する保育「サークルタイム」のすすめ』（以上、小学館）、『園行事を
「子ども主体」に変える！』『0〜5歳児 子どもの姿からつくる これからの指導計画』
（以上、チャイルド本社）ほか多数。

実践例・写真提供協力園（掲載順） ※本文中の肩書は執筆時のものです

国立大学法人　お茶の水女子大学附属幼稚園（東京都文京区）
国立大学法人　三重大学教育学部附属幼稚園（三重県津市）
社会福祉法人種の会 幼保連携型認定こども園　アルテ子どもと木幼保園（東京都中野区）
社会福祉法人柿ノ木会 幼保連携型認定こども園　野中こども園（静岡県富士宮市）
学校法人鴻ノ巣学園　きたかしわ幼稚園（千葉県柏市）
幼保連携型認定こども園 社会福祉法人　めぐみこども園（福井県福井市）
社会福祉法人協愛福祉会　中央ヴィラこども園（宮崎県宮崎市）
学校法人西宝寺学園 認定こども園　伊佐中央幼稚園（山口県美祢市）

装丁●鷹觜麻衣子
カバー・本文イラスト●熊本奈津子
1章撮影●田村孝介
本文校正●有限会社くすのき舎
協力●株式会社スマートエデュケーション　KitS事業部
編集協力●株式会社KANADEL
編集●西岡育子

豊かな直接体験をベースに
ICTで広がる保育
子どもの興味&意欲が高まる！ ICT活用実践例

2025年2月　初版第1刷発行

編　著／大豆生田啓友
発行人／大橋 潤
編集人／竹久美紀
発行所／株式会社チャイルド本社
　　　　〒112-8512　東京都文京区小石川5-24-21
　　　　電話／03-3813-2141（営業）　03-3813-9445（編集）
振替／00100-4-38410
印刷・製本／TOPPANクロレ株式会社

チャイルド本社のウェブサイト
https://www.childbook.co.jp/
チャイルドブックや保育図書の
情報が盛りだくさん。
どうぞご利用ください。